내 안의 적
시기심

Copyright 2003 by Bob Sorge
Originally published in English under the title Envy
By Chosen Books, a division of Baker Publishing Group,
Grand Rapids, Michigan, 49516, U.S.A.
All rights reserved.

Korean translation Copyright ⓒ 2018 shalom publishing

시기심: 내 안의 적

초판 1쇄 발행 2018년 8월 30일

지은이 밥 소르기
옮긴이 오원정
발행인 오경희
발행처 샬롬서원

출판등록 제305-2009-00004호

주소 서울특별시 동대문구 이문로 12길 51
전화번호 02-959-7982

ISBN 978-89-951491-4-0 03230

* 이 책의 한국어판 저작권은 샬롬서원에 있습니다.
　출판사의 동의 없이 내용의 일부를 인용하거나 발췌하는 것을 금합니다.

내 안의 적
시기심

밥 소르기 지음 | 오원정 옮김

차 례

Chapter 1 누구든 갖고 있는 가장 흔한 문제   007
타인의 문제라고 여기지 말고 명확하게 진실을 받아들이자.

Chapter 2 시기심이란 무엇인가   021
타인의 성공을 보고 배 아파할 때마다
시기심은 우리를 사단의 덫에 걸리게 한다.

Chapter 3 형제들   039
시기심은 형제자매 관계에서 비롯된 문제다.
가인과 아벨에서 시작해 성경의 전 역사를 통해 찾아볼 수 있다.

Chapter 4 위대한 재능 대결   065
하나님께서 인간에게 다채로운 달란트를 주셨을 때,
이미 거대한 시기심의 분출이 예상되었다.

Chapter 5 부흥이 지체되는 이유   099
시기심은 성경적 부흥의 가장 막강한 걸림돌일까?

Chapter 6 **십자가: 시기의 죽음**   **113**
하나님께서 시기심을 다루실 때 먼저 그 대상을
십자가에 못 박는다. 예수님이 바로 첫 번째 사례다.

Chapter 7 **'은혜의 분량' 인지하기**   **133**
성령의 뜻대로 나누어주신 은사와 그 은사의 영역을
살펴봄으로써 시기를 극복하는 여러 방법을 찾을 수 있다.

Chapter 8 **시기심 우회로: 사망 혹은 사명**   **167**
하나님께서 특정한 개인 또는 사역을 축복하기 원하실 때,
시기심을 최소화하기 위해 그들을 고된 우회로를 통해
약속의 땅으로 인도하신다.

Chapter 9 **사랑에 뿌리내림**   **193**
시기심의 중심에는 사랑의 문제와 개인의 정체성의 근원을
그리스도의 사랑에서 찾고자 하는 갈망이 있다.

Chapter 1
누구든 갖고 있는 가장 흔한 문제

타인의 문제라고 여기지 말고
명확하게 진실을 받아들이자.

　　　　　　　　내게는 시기심에서 비롯된 큰 문제가 있다. 그것이 무엇이든 시기심과 관련된 문제는 아주 큰 문제다. 시기심은 내 육신의 아주 깊은 곳에 자리하고 있어 내가 인지하는 것보다 훨씬 더 상태가 심각할 수도 있다. (우리 중 누가 자신의 마음 상태를 정확히 알겠는가?) 하나님께서는 시기심의 내면 깊은 부분에 대해 많은 말씀을 하셨고, 나는 그것을 나누고 싶어 이 책을 쓴다.

　시기심과의 내적 갈등은 나의 선천적인 성격과 가정환경에서 비롯된 경쟁심에 뿌리를 둔 것 같다. 이유는 잘 모르겠다. 평생 동안 나는 스스로 아주 경쟁의식이 강하다고 생각했다. 스포츠 경기, 보드게임이나 학업에 있어서도 언제나 최선을 다해 좋은 결과를 얻어야 한다고 생각했다. 물론 그리스도의 주권 아래 순종하며 탁월함을 추구하는 것은 칭찬받아 마땅하지만, 친구들을 제치면서까지 뛰어나고 싶어 하는 내 안의 갈망이 사실상 시기심을 유발하는 요소가 된다는 것을 깨달았다.

사역에 입문했을 때 나는 스스로 해방되었다고 말하면서도 옛 욕망들로부터 완전히 자유롭지 못했다. 내가 바라던 성공을 다른 사람이 누리는 것을 보았을 때, 시기심은 잔잔한 수면 아래에서 '화'를 내고 있었다. (시기심이란 다른 이의 성공을 보고 느끼는 내적 고통이다. 다음 장에서 더 정확한 정의를 내리겠다.)

오랫동안 나는 시기심 문제로 별 어려움을 겪지 않았던 것 같다. 하지만 하나님이 드러내시기 시작하자 나는 내 마음의 실체를 보고 경악했다. 물론 지금 나는 철저히 회개했고, 내 삶의 이 '특정 부분'에 대해 오직 빛 가운데 걸어가고 있다고 말할 수 있다.

그럼에도 시기심과 관련한 내 약점들을 솔직하게 나누고자 하는 데에는 두 가지 이유가 있다. 첫째, 우리가 죄를 빛 가운데 드러냈을 때 육신의 권세가 깨진다는 것을 배웠기 때문이다(요 1:7, 약 5:16 참조). 나는 겸손한 고백을 통해 주어지는 은혜를 기쁨으로 받을 것이다. 성경에는 "그러나 더욱 큰 은혜를 주시나니 그러므로 일렀으되 하나님이 교만한 자를 물리치시고 겸손한 자에게 은혜를 주신다 하였느니라"(약 4:6)고 쓰여 있다. 나는 이루

말할 수 없을 정도로 큰 은혜가 필요하다. 둘째, 나 또한 시기심으로부터 완전히 자유하지 않은 상태에 있다는 것을 말하고 싶다. 아직 승리를 향한 과정 중에 있다. 이 책은 하나님과 동행하는 여정 가운데 있는 순례자로서의 내 내면의 고백이다.

왜 이 책인가?

주님이 내 영 안의 시기심을 다루실 때, 나는 비로소 시기심이 얼마나 광범위하게 만연되어 있는지, 그리고 교회를 얼마나 치명적으로 오염시키는지 깨달았다. 하나님은 깨끗하지 못한 동기에서 비롯된 결과를 인정하지 않으신다. 그러므로 시기심은 우리 각자의 부르심을 파괴하는 힘을 갖는다.

우리 마음에 시기심이 조금이라도 남아 있는 한, 우리는 열매 맺는 삶을 사는 데 있어 불가피하게 방해를 받을 것이다. 나는 이 부분에 대해 더 큰 긴박감을 느낀다. 하나님 나라 안에서 우리가 서로 시기할 때, 우리는 우리 영역 안에서 실제로 하나님 나라의 확장을 얽매는 세력들을 풀어놓게 되기 때문이다.

아무리 부흥과 성령의 임재를 위한 엄청난 양의 중보기도가 하나님 보좌로 올려질지라도, 시기심은 하나님 나라의 복이 방출되는 것을 방해할 수 있는 위력을 갖고 있다. 나는 시기심이 역사상 타올랐던 부흥의 불길에 찬물을 끼얹는 데 그 어떤 죄악보다 책임이 컸다는 것을 이 책에서 밀하려고 힌다.

시기심은 예수 그리스도가 초림하셨을 때 그분을 못 박아 죽였고, 지금도 그의 몸 된 교회를 죽이고 있다. 나는 오늘날 모든 성도들, 즉 청소년과 장년층, 사역자, 섬기는 자들, 모든 믿는 종족과 교파들이 이 책을 읽기를 기도한다. 우리는 시기심을 이해하고, 그것이 우리 마음 가운데 실존한다는 사실을 인지해야 한다. 하나님의 은혜와 협력하여 지상대명령을 완수하기 위해 우리에게 꼭 필요한 성령의 능력을 더 이상 거머리 같은 '시기'의 죄악에 빼앗겨서는 안 된다. 하나님의 영은 이것의 절박함을 아주 분명한 메시지로 호소하고 있다.

당신에게 시기심이 유발한 내면의 문제가 있다는 것을 굳이 끄집어냈다는 점 때문에 어쩌면 당신은 기분이 상했을 수도 있다. 우리는 얼마나 쉽게 자신의 마음조차 속일 수 있는지 모른다! 우리는 스스로를 과대평가하는 경향이 매우 강하다(롬 12:3; 빌 2:3 참조). 그러므로 내가 결코 당신을 비판하려는 마음으로 이 책을 쓰는 것이 아니라는 점을 알아주기 바란다. 나는 그저 시기를 둘러싼 실질적인 문제들을 빛 가운데 드러내고 그리스도 안에서의 치유와 자유를 향한 올바른 방향을 제시하고자 한다.

그리스도인들이 시기심의 실재성을 자각하고 그것이 우리에게 미치는 영향력에 눈을 뜰 때가 되었다. 그것은 나의 문제이고 우리의 문제다. 시기심은 그리스도의 몸 된 교회 안에서 실질적으로 역사하고 있고, 하나님 나라가 전진할 때 교회 전체에 걸쳐 큰 피해를 끼친다. 그럼 이제 진실하게 우리 마음을 나누며 이 이야기를 시작하고자 한다(시 15:2 참조). 방어태세를 낮추고 하나님이 우리 각자에게 개인적으로 하시고자 하는 말씀이 무엇인지 생각할 시간이다.

이 책은 주변 사람들에게 권할 만한 책일 뿐 아니라 우리 각자의 삶에 직접 적용할 메시지가 가득한 책이다. 옛 찬송가에 나와 있듯이, "내 형제도 아니요, 내 자매도 아니요, 오 주님 기도가 필요한 것은 저 자신입니다."

당신의 첫 반응이 "시기에 관한 한 난 아무 문제도 없어"라면, 그럼에도 이 책을 읽어보라고 권하고 싶다. 시기의 특성이나 영향력에 대해 배울 수 있을 뿐 아니라 나아가 교회에서 섬기는 당신의 비전 또한 확장될 것이다. 또한 성령님이 믿는 자들 가운데 시기심의 문제를 전략적으로 강조하는 이유를 알게 될 것이다.

우리가 그리스도 안에서 우리의 유업을 얻는 것은 아주 중대한 일이다. 성령님이 시기에 대해 말씀하시는 것에 귀를 기울이며, 또한 시기가 어떻게 그리스도의 몸을 균열시키는지 알게 되면, 이 세대는 분명 이전에는 전혀 보지 못했던 하나님의 영광과 능력이 이 땅 가운데 나타나는 것을 목격하게 될 것이다.

시기심은 어디에든 있다

오늘날 우리는 시기심에 둘러싸여 살고 있다고 해도 과언이 아니다. 2001년 9월 11일 뉴욕 시의 쌍둥이 빌딩이 무너진 테러 사건 한 달 후, 우리 지역신문에 인상적인 칼럼이 게재되었다. 칼럼은 테러 사건을 통해 미국을 향한 국세 사회의 적대심이 드러난 것에 대해 다루었다. 미국인들은 다른 나라들의 반응을 보고 몹시 놀랐다.

"미국인들이 당한 일은 자업자득이다." 한 캐나다인이 말했다. "불량배가 혼쭐이 났다." 모스크바의 어떤 금속 노동자가 이렇게 말했다.

신문 칼럼니스트 릭 몽고메리(Rick Montgomery)는 다음과 같이 사견을 표했다. "우리는 경악했다. 어떻게 무슬림 극단주의자들은 수천 명의 죄 없는 사람들이 묻힌 세계무역센터의 잔해를 보고 기뻐하며 춤을 출 수 있을까?" 몽고메리는 미국을 향한 거센 국제적 비난의 이유는 바로 미국이 "거대함의 상징"이기 때문이라고 추정했다. 그는 "군사적·경제적 우월함이 타국의 시기심을 낳았다"[1]고 말했다.

몽고메리의 분석은 어느 정도 타당성이 있다. 이러한 갈등에 시기심이 유일한 요소라고 할 수는 없지만, 분명 실재하는 부분이다. 미국의 국력을 시기한 나머지 미국에서 발생하는 어떤 재난에도 기뻐하는 이들이 여러 나라에 있는 것이다.

오늘날 현존하는 중동아시아 지역 내에서의 대립과 긴장을 4천 년 전 이삭과 이스마엘 사이의 시기심에서 비롯된 분열과 연관 짓는 데에는 타당한 이유가 있다. (이스마엘은 그의 형제 이삭이 받은 총애를 시기한 나머지 이삭을 조롱했고, 이 때문에 이삭의 어머니 사라는 이스마엘을 가문에서 추방했다.) 시기로부터 시작된 그 일의 파급 효과는 오늘날 그들의 자손들에게 고스란히 전해져 온다. 정확히 말하자면 현재의 이스라엘 대 아랍의 분쟁이다. 시기심이 이 지구상에서 적어도 부분적으로 모든 민족적·종교적 분쟁에 관련되었다는 것이 타당한 생각일까? 이에 대한 내 의견을 한 문장으로 표현한다면, "우리가 사는 세상은 시기심으로 가득하다"이다.

그러나 오늘날 현존하는 시기심의 수많은 형태를 모두 다루는 데에는 한계가 있으므로, 이 책의 범위는 예수 그리스도의 교회 내에 있는 각 계층에 한정하겠다. 한 사람이 다른 이의 차, 집,

배우자, 자녀, 외모, 직업이나 경제적 능력을 시기하는 것을 살펴보지는 않을 것이다. 대신 나의 교회와 다른 사람의 교회, 내 기름부음과 다른 사람의 기름부음, 내 사역과 다른 사람의 사역 안에서 그리스도인 형제와 자매 그리고 사역 간에 일어나는 시기심에 초점을 맞출 것이다.

꼭 '시기'라는 단어를 써야 하는가?

우리에게는 '시기'라는 단어를 인정하는 것을 근본적으로 꺼리게 만드는 무언가가 있다. 한 친구가 이렇게 말한 적이 있다. 성령님이 시기심에 대해 그의 마음을 질책하신 적이 있는데, 그가 "네, 주님, 인정합니다. 저는 시기심이 많습니다. 용서해 주십시오"라고 말하기까지 수일 동안 하나님과 씨름했다고 한다.

우리 안의 어떤 감정을 '시기'라고 인정하는 것을 꺼리는 이유 중 하나는 우리가 고린도 교회 성도들이 지녔던 세속적인 습성을 탈피했다고 믿고 싶어서인지도 모른다. 고린도의 사역자들이 서로를 비교했던 행위는 사도 바울이 엄격히 책망했던 부분이다.

²내가 너희를 젖으로 먹이고 밥으로 아니하였노니 이는 너희가 감당치 못하였음이거니와 지금도 못하리라 ³너희가 아직도 육신에 속한 자로다 너희 가운데 시기와 분쟁이 있으니 어찌 육신에 속하여 사람을 따라 행함이 아니리요 ⁴어떤 이는 말하되 나는 바울에게라 하고 다른 이는 나는 아볼로에게라 하니 너희가 사람이 아니리요. (고전 3:2-4)

우리는 '시기'라는 단어의 그 함축적인 의미 때문에 이 단어로 단정해 표기하는 것에 강력히 저항한다. 우리가 만약 시기를 인정한다면, 아주 중대한 약점을 인정하는 꼴이 되기 때문이다. 그것은 마치 아래의 사고방식들을 받아들이는 것과 같다.

- 나는 그리스도 안에서 나의 정체성을 확실하게 수립하지 못했다.
- 나는 그분의 은혜로 아직 완전히 치유받지 못한 불안감을 가지고 있다.
- 하나님이 내게 주신 것들에 대해 감사하지 못하고 있다. 그가 주신 은사들은 나에게 충분하지 않다. 다른 이들에게 주신 것들을 원한다.
- 나의 형제나 자매 그리고 나에게 주신 각기 다른 은사와 은

혜를 의심하며, 하나님의 통치권과 지혜에 맞서고 있다.
- 내 마음은 본질적으로 자기보존과 사리사욕을 채우기 위한 요소들로부터 동기부여를 받고 있다. 나의 잠재적인 경쟁의식과 내 영혼의 야망 때문에 내 형제의 성공을 진심으로 축하해 줄 수 없다.
- 내 모든 에너지가 적들과 싸워야 할 때, 동역자들의 성공을 보고 내적 갈등을 하는 데 에너지를 빼앗긴다.
- 시기가 장성하면 살인에 이르는데, 나는 살인의 씨앗을 마음에 품고 있다.
- 나의 욕망은 신부의 준비 과정의 핵심인 지체 간의 연합을 방해한다. 나의 죄로 인해 그리스도의 재림이 진전되는 대신 방해가 된다.

하나님이 내 마음의 시기를 보여주기 시작하셨을 때 나는 충격을 받았다. 하지만 나는 그 단계를 이미 오래전에 지났다. 지금은 또 다시 시기심을 새로 발견해도 전혀 놀라지 않는다. "아, 또 그 오래되고 못된 '그것'이구나! 그렇지?" 성령님은 특히 나에게 이 부분을 강조하는 데 열성적이신 듯하다. 성령님은 내가 일찍 회개할 수 있도록 그 씨앗이 막 싹을 틔우려는 단계에서 미리 보여주시곤 한다. 내가 시기심의 문제에서 얼마나 많은 진전을 했는지는 모르지만, 적어도 분명히 아는 것은 더 빨리 회개할 수 있게 되었다는 것이다. 그렇기 때문에 위에 항목들을 보았을 때 "네, 유죄입니다" 하며 고백하는 것이 굉장히 쉬운 일이 되었다. 나는 더 이상 놀랍지 않다. 왜냐하면 나에게는 육신의 잠재적 죄성(罪性)에 관한 계시가 주어졌기 때문이다. 내가 발견한 것은, 시기를 회개하는 것이 쉬워졌을 때 승리가 더 가까이 와 있다는 것이다.

시기는 장성한 형태로만 존재하지 않는다. 가장 초기 단계에 우리 마음에 나타날 수도 있는데, 그것을 우리가 제대로 조치하지 않으면 완전하게 장성할 수 있다. 우리 모두는 시기하도록 유혹을 받는다. 유혹을 받는다는 것 자체가 죄가 되지는 않는다(히 4:15 참조). 하지만 대부분의 경우 인생 가운데 적어도 한 번쯤은 시기를 해본 적이 있을 것이다.

그리스도인들을 상대로 한 설문조사에서 많은 이들이 '시기는 주로 여성이 저지르는 죄다'라는 의견에 동의했다는 내용을 읽은 적이 있다. 그 설문 결과에 대해 남성 작가로서 나의 의견은 "터무니없다, 가당찮다!"이다. 시기는 우리 모두에게 심각한 문제이다. (아마도 망상증이 있는 남성들을 상대로 설문조사를 한 것 같다.) 시기는 인간 타락의 가장 본질적인 결과물 중 하나이며, 가인과 아벨의 때에 시작해 모든 세대에 걸쳐 존재하고 있다. 예수님이 비유들 가운데 몇몇 가장 강력한 메시지의 비유 주제로 시기를 언급한 것은 그리 놀랍지 않다(마태복음 20장과 25장 참조).

성령님이 이 문제에 대하여 교회에 주시는 말씀을 듣고 깨달을 수 있는 용기와 명철을 더해 주시기를 기도한다.

Note

1. Rick Montgomery, "Anger Takes Americans by Surprise", *Kansas City Star* (October 15, 2001), n.p.

Chapter 2
시기심이란 무엇인가

타인의 성공을 보고 배 아파할 때마다
시기심은 우리를 사단의 덫에 걸리게 한다.

어느 유명한 잡지에서 시기(envy)를 "내가 원하는 것을 다른 이가 가진 것을 보고 느끼는 고통"이라고 정의한 것을 읽은 기억이 있다. 우리는 성경말씀을 통해 그 고통이 사실은 죄스러운 욕망이라는 것을 안다(갈 5:21, 26 참조). 바인의 해설 사전(Vine's Expository Dictionary)은 시기를 "타인이 누리는 풍요로움이나 편익을 목격하고 생겨난 불쾌한 감정"[1]이라고 정의한다. 웹스터 사전(Webster Dictionary)은 시기를 "타인이 누리는 편익에 대한 고통스럽거나 분통한 자각과 동시에 그와 같은 편익을 누리고자 하는 갈망"[2]이라고 정의를 내린다. 즉 타인의 성공을 보고 느끼는 고통과 괴로움이다. '질투'(jealousy)라는 단어의 뜻은 '시기'와는 사뭇 다르다. 웹스터 사전은 '질투'를 "경쟁이나 불성실함을 의심하는 경향, 경쟁상대 또는 편익을 누리는 타인을 향한 적대감"[3]이라고 정의한다.

여러 문맥 안에서 '시기'와 '질투'는 사실상 서로 바꿔 사용해도 무방하다. 각 단어는 각각 독특한 의미와 미묘한 차이가 있을 수 있지만, 그런 차이점이 이 책의 목적과 관련해서는 그리 중요하지 않다. 질투는 내가 갖고 있는 것들에 대한 태도인 반면 시기는 타인이 가진 것에 대한 태도라고 주장할 수도 있는 것이다. 세상에는 여러 가지 다양한 정의가 있을 수 있다. 예를 들면 이렇다. "차이점은 여기에 있다. 시기는 타인이 가진 것을 강탈하고 싶어하는 욕망이고, 질투는 그와 같거나 비슷한 것을 자신이 갖고 싶어하는 욕망이다."[4] 이렇게 두 단어를 구별하는 것이 나는 다소 인위적으로 느껴진다. '시기'와 '질투'는 의미상 굉장히 비슷하다. 다만 '시기'는 좀 더 어두운 느낌이다. 죄를 고백할 때 나는 내 죄에 해당하는 최악의 단어를 골라 묘사하곤 한다. 나름의 방침이다. 그래서 이 책에서는 이후 '시기'라는 단어를 사용하려 한다.

다른 감정들과 마찬가지로 시기와 질투에는 양면성이 있다. 독점적인 언약의 관계(예를 들면 결혼관계)를 지키는 균형 잡힌 질투가 있다. 하나님은 우리의 사랑을 갖기 위해 질투하셔서 스스로 "질투의 하나님"이라고 부르신다(출 34:14 참조). 나아가 야고보서 4:5에서는 우리의 온전한 충성심을 갈망하는 성령님의 시기

시기심이란 무엇인가 23

심을 언급한다(실제 단어는 문자 그대로 '시기'다). 이렇듯 올바른 방향성을 가졌을 때 시기는 선한 것일 수 있다. 하지만 시기를 긍정적으로 묘사하는 구절은 위의 것이 전부다. 다른 언급들은 모두 시기를 육신의 세속적인 욕망이라 가리킨다.

시기는 우리 육신의 세속적이고 자기보존적인 삶에서 생겨난다. 이것의 근원은 인간의 마음 안에 있다(막 7:21-23 참조). 바울은 육신의 일을 나열할 때 시기와 질투를 모두 포함한다.

[19]육체의 일은 현저하니 곧 음행과 더러운 것과 호색과 [20]우상숭배와 술수와 원수를 맺는 것과 분쟁과 시기와 분냄과 당 짓는 것과 분리함과 이단과 [21]투기와 술 취함과 방탕함과 또 그와 같은 것들이라 전에 너희에게 경계한 것 같이 경계하노니 이런 일을 하는 자들은 하나님의 나라를 유업으로 받지 못할 것이요. (갈 5:19-21)

이 구절을 보면 시기와 열 번째 계명 사이의 평행적 유사성을 부인할 수 없을 것이다. "네 이웃의 집을 탐내지 말지니라 네 이웃의 아내나 그의 남종이나 그의 여종이나 그의 소나 그의 나귀나 무릇 네 이웃의 소유를 탐내지 말지니라"(출 20:17). 기독교 변증가 프란시스 쉐퍼(Francis Schaeffer)는 우리의 타락으로 인해 이 열 번째 계명은 다른 아홉 개의 계명보다 먼저, 항상 첫 번째로 어기게 되는 율법라고 믿었다. 시기로 가득한 우리의 성향은 우리의 타락한 정체성에서 너무도 본질적이기 때문에 하나님은 처음부터 십계명을 통해 이것을 다루기로 결정하신 것이다.

성공의 부정적 측면

이 감정이 다른 사람을 향해 당신의 마음에서 일어났든 당신을 향해 다른 사람의 마음에서 일어났든 어쨌든 시기는 성실함에 대한 반발이다. 예를 들어 당신이 주어진 분야에서 탁월함을 추구하기 위해 근면성실할 때, 당신의 빛나는 성과는 같은 분야에서 같은 목적을 바라보는 이들에게 질투심을 유발한다. 다르게 표현하면, 다른 이들보다 성공을 향한 사다리를 먼저 오른 자들은 그들로부터 시기를 받기 마련이다. 솔로몬은 이 점을 가리켜 이렇게 서술했다. "내가 또 본즉 사람이 모든 수고와 여러 가지 교묘한 일로 인하여 이웃에게 시기를 받으니 이것도 헛되어 바람을 잡으려는 것이로다"(전 4:4). 솔로몬은 근면성실한 자의 성공에 대한 공동체의 부정적 반응은 인류의 가장 원초적인 저주 중에 하나라고 결론지었다.

마이클 카바너(Michael Cavanaugh) 목사는 이렇게 표현했다. "시기는 하나님의 총애를 받음으로 인해 자연적으로 발생하는 부산물이다."[5] 하나님은 당신을 축복하기로 선택하셨다. 그러므로 축복에 따르는 단점들을 받아들일 준비를 해야 한다. 왜냐하면 타인으로부터 받는 시기는 하나님의 축복을 받는 일의 "직무상 감수해야 할 위험요소"이기 때문이다. 잠언에 나오듯, 키가 가장 큰 나무가 벼락을 맞게 된다. 마찬가지로 형제들 중 두드러진 자들이 흔히 공격의 대상이 된다. 많은 경우 시기받는 것은 비논리적이고 불합리하게 보이며, 뜻하지 않은 곳에서부터 시기를 당하기도 한다. 그러나 하나님께 선택을 받아 은사와 능력과 기름 부음을 부여받은 자들이 흔히 경험하는 일들이기도 하다.

사회학자들은 주어진 시간에 사회의 구성원들이 획득할 수 있는 명예와 번영과 성공은 한정적이라는 발상을 '한정된 재화'라는 용어로 표현한다. 그러므로 한 사람이 성공을 얻으려면 필히 그것을 타인으로부터 취해야 한다. 그들이 말하기를, 시기는 결과적으로 이러한 사회구조 안에서 구성원들이 타인의 성공을 볼 때 자신이 손해를 봄으로써 다른 이들이 성공했다고 자각하는 자연적 반응이다. 그러나 공급이 한정적이라는 이 발상은 하나님 나라에는 해당되지 않는다. 하나님이 그의 자녀들에게 공급하시는 자원은 대단히 풍부하고 무한하기 때문이다. 안타깝게도 우리의 죄성은 그리스도 안에서 거듭난 삶 가운데에서도 옛적에 불만족스러워하던 생각의 구조를 그대로 이어오려는 경향이 있다.

야고보서에 나타난 '시기'

아마도 시기에 대해 신약성경에서 가장 흥미로운 대목은 야고보서의 다음 말씀일 것이다.

14그러나 너희 마음속에 독한 시기와 다툼이 있으면 자랑하지 말라 진리를 거스려 거짓하지 말라 15이러한 지혜는 위로부터 내려온 것이 아니요 세상적이요 정욕적이요 마귀적이니 16시기와 다툼이 있는 곳에는 요란과 모든 악한 일이 있음이니라 17오직 위로부터 난 지혜는 첫째 성결하고 다음에 화평하고 관용하고 양순하며 긍휼과 선한 열매가 가득하고 편벽과 거짓이 없나니. (약 3:14-17)

야고보는 시기가 '쓰다'고 이야기한다. 시기는 쓴 뿌리 가득한 마음으로부터 조성되고, 관계 가운데 쓴 열매를 맺는다. 한 예로 '에서의 생'을 들 수 있다(창 27장 참조). 에서가 이삭에게 장자의 축복을 받을 때가 되자, 에서의 쌍둥이 동생 야곱은 형의 옷을

입고 에서 행세를 했다. 에서의 목소리를 흉내 내며 그의 아버지에게로 가서 에서에게 주려 했던 복들을 속여 빼앗았다. 야곱이 에서의 장자로서의 복을 취했을 때, 야곱을 향한 에서의 눈은 악하게 변했다. 에서는 시기에 사로잡혔고, 그는 야곱이 부당한 행위를 저질렀기 때문에 동생 야곱을 향한 자신의 쓴 뿌리가 정당하다고 느꼈다. 시기심은 누군가의 마음 가운데 쓴 뿌리를 내리게 하여 그에 대처하지 않으면 궁극적으로 많은 사람들을 유린한다. 그렇기에 우리에게 시기하는 마음이 생길 때 우리는 스스로에게 그 쓴 뿌리의 원인이 무엇인지 물어야 한다. 솔직히 말해 우리의 쓴 뿌리의 대부분은 아마 하나님을 향한 것일 것이다. 그분이 바로 우리 외에 다른 이들에게 무언가를 더 부여한 장본인이시기 때문이다.

    야고보서는 또한 시기를 이기심과 연관 짓는다. 시기와 이기심은 서로의 그림자와 같다. 시기는 야망을 품은 이기적인 마음에서 생성된다. 우리의 죄스러운 습관 때문에 우리 존재의 중심은 이기적인 야망으로부터 동기를 부여받는다. 야망은 하나님 나라를 위해 선하게 변화될 수 있다. 그러나 야망의 이기적인 요소들을 우리 안에서 완전히 몰아내기까지 우여곡절 많은, 십자가에 못 박아 죽이는 과정이 요구된다. 사도 바울은 야망으로 가득한 자신의 성향을 다스려 "그리스도 예수 안에서 하나님의 높은 부르심을 향한 열정"으로 변환할 수 있었던 자다(빌 3:14). 야망은 하나님 나라를 추구하도록 올바르게 규제될 수 있지만, 사실상 인간은 모두 시기심을 유발하는 야망의 부정적인 요소들과 이기심을 가지고 내적으로 분투한다.

야고보는 나아가 이야기하기를 시기는 "자랑하며 진실을 대적하여 거짓 증거 할 것이다." 시기는 교만에 뿌리를 두기 때문에 거리낌 없이 스스로를 높인다. 우리가 보다 더 많은 것을 받은 자 앞에 있을 때, 시기는 우리의 월등함을 더욱 과시하도록 할 것이다. 그러나 이와 같은 자랑은 주로 스스로를 과대평가함에서 나온다. 그러므로 우리가 진실을 말하는 대신, 진실과 맞서 자신에 대하여 또는 가진 것에 대하여 거짓말을 한다.

야고보가 말하듯이, 시기와 자랑의 근원은 "위로부터" 온 것이 아니다. 대신에 그는 시기의 근원은 세 가지가 있다고 본다. 그것은 세속적이고(이 세상에 뿌리를 두었고), 육감적이며(하나님의 영 대신 우리의 오감으로부터 받는 정보에 기반을 두고), 악하다(마귀적인 활동으로부터 촉진되었다).

그리고는 야고보는 이런 섬뜩한 요약을 내린다. "시기와 다툼이 있는 곳엔 요란과 모든 악한 일이 있음이니라." 얼마나 중요한 말인가! 후에 이 문장으로 다시 돌아오겠다.

시기와 분쟁

이기심이 시기의 그림자와 같듯이 분쟁도 마찬가지다. 분쟁은 사람들 간의 갈등이자 우월함을 겨루는 투쟁이다. 분쟁은 흔히 (항상은 아니지만) 시기로부터 그 동기가 생겨난다. 우리는 이것이 성경에서 가장 처음 언급된 분쟁 때부터 있었음을 볼 수 있다. 아브람의 양치기들과 롯의 양치기들은 그들의 가축을 먹일 목초지를 놓고 분쟁했다(창 13:7-8 참조). 롯에게도 충분한 공급이 있었지만, 그는 아브람의 풍성한 복을 시기한 듯하다. 롯의 그런 태도는 그의 양치기들에게 고스란히 전해졌고, 그들은 최상의 목초지를 놓고 다투기 시작했다. 그때 아브람은 직접 나서서 질이 낮은 목초지를 선택함으로써 분쟁을 완화시키려 했다.

신약성경에서 불화는 시기와 나란히 다음 다섯 구절에 언급되었다.

곧 모든 불의, 추악, 탐욕, 악의가 가득한 자요 시기, 살인, 분쟁 사기, 악독이 가득한 자요 수군수군하는 자요. (롬 1:29; 고후 12:2)

낮에와 같이 단정히 행하고 방탕과 술 취하지 말며 음란과 호색하지 말며 쟁투와 시기하지 말고. (롬 13:13)

어떤 이들은 투기와 분쟁으로, 어떤 이들은 착한 뜻으로 그리스도를 전파하나니. (빌 1:15)

저는 교만하여 아무것도 알지 못하고 변론과 언쟁을 좋아하는 자니 이로써 투기와 분쟁과 훼방과 악한 생각이 나며. (딤전 6:4)

위 구절들을 통해 시기와 불화가 제휴관계에 있음을 알 수 있다. 또 빌립보서의 첫 장을 보면, 바울은 그의 시대에 복음을 전파하는 설교자들의 동기에 대해 논한다. 그는 설교자들을 두 부류로 나누며, 각 그룹이 서로 반대되는 동기를 가졌다고 말한다.

15어떤 이들은 투기와 분쟁으로, 어떤 이들은 착한 뜻으로 그리스도를 전파하나니 16이들은 내가 복음을 변명하기 위하여 세우심을 받은 줄 알고 사랑으로 하나 17저들은 나의 매임에 괴로움을 더하게 할 줄로 생각하여 순전치 못하게 다툼으로 그리스도를 전파하느니라 18그러면 무엇이뇨 외모로 하나 참으로 하나 무슨 방도로 하든지 전파되는 것은 그리스도니 이로써 내가 기뻐하고 또한 기뻐하리라. (빌 1:15-18)

바울은 몇몇 사역자들의 열성이 시기와 분쟁에서 비롯되었다는 것을 알았다. 하나님의 아들을 향한 거룩하고 불같은 사랑이 아닌 자신들의 사역을 확장시키기 위한 욕망으로부터 열정이 일어난 것이다. 그런데 바울은 그들의 뜻대로 조종되거나 매수되지 않았기 때문에 그들에게 큰 걸림돌로 여겨졌다. 그래서 그들은 바울의 신뢰도를 떨어뜨리고자 그가 쇠사슬에 묶인 것과 범죄자로서의 평판에 대해 가증스러운 이야기들을 퍼뜨렸다. 그것으로 교도관들의 마음을 더럽힐 수 있다면, 그들은 바울을 더 혹독하게 다룰 것이다. 그들의 시기는 바울이 사역을 확장하기 위해 시도한 일들을 짓밟았다.

야고보와 같이, 바울은 시기와 이기적인 야망을 연관 짓는다. "이기적인 야망"은 원문에서는 헬라어 '에리데이아'(*eritheia*)라는 한 단어인데, 이것은 굉장히 다채로운 단어로 "돈만 주면 무엇이든 하는 사람"을 표현하는 '하이어링'(hireling), 곧 '고용인'으로 변형되었다. '고용인'은 스스로의 '안녕'만을 생각하는, 쉽게 매수되는 사람을 뜻하며, '에리데이아'는 성공의 기회를 호시탐탐 엿보는 야망에 사로잡힌 자기 본위적인 사람을 묘사한다.

복음을 전파하는 일의 정반대의 동기는 '사랑에서 비롯해'일 것이다. 우리가 시기심으로부터 해방될 때 비로소 주님과 그분의 종들, 그분의 백성, 그리고 잃어버린 영혼들을 향한 순수한 사랑으로 그분을 섬길 수 있다.

두 개의 꿈

캔자스시티에 거주하는 친구인 크리스 버글런(Chris Berglund)은 그에게 영적으로 매우 의미심장한 두 개의 꿈을 내게 이야기해 주었다. 그것은 우리에게도 굉장히 의미 있을 수 있다. 그는 이 이야기를 통해 다른 누군가도 자유함을 얻게 되리라는 희망을 갖고 자신의 이야기를 나눌 수 있게 허락해 주었다. 그가 꿈을 꾼 시기는 그가 워싱턴 주 시애틀의 작은 교회에서 목회를 하고 있었을 때다. 첫 번째 꿈에서 크리스는 교회 집회 장소에 앉아 있는 자신의 모습을 보았고, 초빙 강사가 그의 이름을 부르더니 이렇게 말했다고 한다. "크리스, 주님께서 당신에게 생명을 위협하는 질병이 있다고 하십니다." 크리스는 이 말에 충격을 받고 자신이 암에라도 걸렸을까 의심하기 시작했다. 이윽고 강사가 덧붙여 말했다. "그 질병은 '비교'입니다." 이 말을 들은 크리스의 첫 반응은 '난 동의하지 않아'였다. 그러나 곧바로 그는 그것이 어느 정도 사실이란 것을 깨달았다.

그후 사흘 동안 크리스는 이 꿈의 의미를 이해하고자 분투했다. 그는 수년 동안 타인을 축복하고, 판단하지 않기 위해 굉장히 많은 노력을 기울였다. 그런데 어떻게 자신이 '비교'라는 질병을 앓을 수 있단 말인가? 하지만 바로 이해가 되었다. 크리스는 내게 말했다. "난 수년 동안 내 자신을 타인과 비교해 왔고, 항상 내 쪽이 기준에 미치지 못했죠. 언제나 스스로에게 '내가 가르칠 이유가 있나? 마이크 비클이 월등히 나은 선생인 것 같은데', '내가 예언할 이유가 있나? 폴 케인이 그쪽 시장을 점유하고 있는 것 같은데', '내가 중보기도 할 이유가 있나? 루 엥글이 나보다 훨씬 기도의 불이 강력한데' 등등 되물었던 순간들을 주님은 기억나게 하셨어요." 크리스는 타인들과 비교해 자신이 항상 기준에 미치지 못한다고 생각했고, 그것이 하나님 안에서 자신의 영적 삶을 죽이고 있었다고 이야기했다.

몇 주 후 크리스가 꾼 두 번째 꿈은 하나님이 크리스에게 가르치기 원하셨던 것을 강조하기 위한 것이었다. 꿈속에서 크리스는 산 속에 몇몇 사람들의 무리 가운데 있었는데, 그 무리는 성령의 기름부음과 능력이 그들의 사역 가운데 충만해서 크리스가 항상 존경해 왔던 이들이었다. 각 사람들은 그가 느끼기에, 모든 사역 분야에서 크리스 자신보다 더 능력 있는 사람들이었다. 그들은 각자 개인 방이 있었지만 식사 시간에는 모두 대강당에 모여 함께 식사했다. 그 주의 귀빈은 빌리 그래함(Billy Graham)이었고, 그는 곧 도착할 예정이었다. 빌리 그래함이 도착하자 모두들 테이블 주위로 모여들었는데, 그는 크리스에게 걸어오더니 이렇게 말했다. "크리스, 오늘 저녁은 당신 옆에 앉고 싶군요." 크리스는 답했다. "아니요, 제 옆에 앉고 싶지 않으실 텐데요. 이분이나 저분 옆에 앉고 싶으실 텐데… 전 여기 있는 사람들과 비교하면 정말이지 별 볼일이 없는 사람입니다." 하지만 빌리는 의사를 당겨 크리스 옆에 앉았다. 저녁 식사 후 그는 말했다. "크리스, 오늘은 당신 방에서 묵고 싶군요." 또 다시 크리스는 반발했다. "제 방은 지금 엉망인데…." 하지만 빌리는 아랑곳하지 않고 크리스의 방으로 향했다. 방에 들어서자마자 빌리는 어질러 있던 것들을 주섬주섬 정리하기 시작했다.

크리스가 내게 말해 준 그의 해석은 이렇다. "나는 잠에서 일어나자마자 빌리 그래함이 주님을 나타낸다는 걸 직감했습니다. 그분은 내 모습 그대로를 사랑하신다는 것을 보여주셨습니다. 나의 연약함까지 말입니다. 그분은 내가 그분의 사랑을 받는 것이 내 재능이나 행실로 인해서가 아님을 내가 깨달아 볼 수 있도록 계속해 '비교'하는 마음을 내게서 끊어내고 계셨습니다. 주님은 그저 내 옆에 있고 싶어 하셨습니다."

주님이 '비교'라는 치명적 질병으로부터 크리스를 한 단계 한 단계 자유케 하는 과정을 시작하시면서 이 두 꿈은 크리스 안에 성령님과의 강력한 영적 대면의 불을 지폈다.

시기의 효력

시기는 아주 강력한 격정이다. 하나님의 말씀은 "마음의 화평은 육신의 생명이나 시기는 뼈의 썩음이니라"(잠 14:30) 고 한다. 어떤 경우 시기는 조용히 타인과 자신을 비교하거나 마음의 분노 형태로 우리 안에서 곪는다. 또 어떤 경우 개인의 선을 넘어 다른 이들을 더럽히는 쓴 뿌리로 표현된다. 다른 경우 살인으로 이어지기도 한다. 예를 들면 종교 지도자들이 우리 주 예수님을 십자가에 못 박은 것은 그들의 시기였다(마 27:18 참조).

시기는 씨앗과 같다. 작은 씨앗으로 시작하지만, 품고 기르면 궁극적으로 악의 나무로 자란다. 가장 잘 익은 형태의 시기는 살인과 강탈의 영이다. 왜냐하면 최종적으로 시기는 탐내던 소유물을 자신의 것으로 삼고 싶어 하기 때문이다.

작가이자 성경 교사인 밥 멈포드(Bob Mumford)는 시기를 가리켜 '크랩 버킷'(a crab bucket, 게가 들어 있는 양동이-옮긴이) 사상이라고 한다. 그는 게가 여러 마리 들어 있는 양동이는 뚜껑을 덮을 필요가 없다고 한다. 왜냐하면 게들이 모두 각자 버둥거려 서로를 도망치지 못하게 하기 때문이다.

예수님은 제자들에게 은밀하게 구제하고 기도와 금식 역시 은밀하게 하라고 가르치셨다. 왜냐하면 이 세 가지 경우 "은밀한 중에 보시는 너의 아버지가 갚으시리라"(마 6:4; 6, 18절도 보라)고 약속하셨기 때문이다. 이런 명령을 지시대로 따르는 것은 믿는 자들이 다인들에게 시기받기에 더 없이 좋은 수단이 된다. 당신이 은밀히 하는 행실은 하늘에 계신 하나님만 보시고 다른 이들은 볼 수 없다. 하지만 주님께서 우리에게 드러내놓고 갚으실 때, 그것은 타인에게도 알려진다. 사람들은 당신이 지불한 값은 보지 못하고 보상받은 것만 본다. 당신이 대놓고 보상받는 모습을 볼 때, 그들은 당신이 은밀히 뿌린 씨앗을 알지 못하기 때문에 가장 먼저 시기하는 반응을 보인다. 한 형제가 그의 형제가 명백한 이유 없이 축복받는 것을 보았을 때, 그의 육신의 습성은 시기로 반응하려 한다.

시기는 가인과 아벨만큼 오래되었다. 이 이야기는 다음 장에서 살펴보자.

Note

1. W. E. Vine, *Vine's Expository Dictionary of New Testament Words* (Iowa Falls, IA: Riverside Book and Bible House), p. 367.
2. *Merriam-Webster's Collegiate Dictionary*, 10th ed., s.v. "envy."
3. Ibid., s.v. "jealous."
4. W. E. Vine, *Vine's Expository Dictionary*, p. 367.
5. Michael Cavanaugh, *A Study in Envy-Saul and David*, audiotape of teaching by Michael Cavanaugh presented at Elim Gospel Church, Lima, New York, January 21, 2001.

Chapter 3
형제들

시기심은 형제자매 관계에서 비롯된 문제다.
가인과 아벨에서 시작해 성경의 전 역사를 통해 찾아볼 수 있다.

        시기는 인류 역사의 시초에 가인과 아벨과 함께 등장했다. 하나님께서 아벨의 제사는 합당이 여겨 받으시고 가인의 것은 받지 않으셨을 때, 가인은 아벨을 시기했다. 가인이 그의 동생을 죽이기 전까지 하나님은 경고하셨다. "죄가 문에 엎드리느니라 죄의 소원은 네게 있으나 너는 죄를 다스릴지니라"(창 4:7). 가인의 마음의 문 앞에서 매복하고 있던 죄악은 바로 시기였다. 그가 그것을 다스리든 그것이 그를 다스리든 둘 중 하나였다. 애석하게도 시기가 승리했다. 가인은 그의 형제 아벨을 살해했다.

    시기는 언제나 형제들 간의 문제였다. 시기가 아담부터 시작하지 않은 이유는 그에게 형제가 없었기 때문이다. 이 세상에 형제들이 나타나자 시기는 즉시 나타났다. 시기는 보통 아버지와 아들의 관계 가운데 생기는 문제가 아니다. 형제들 간의 문제다 (그리고 조금 후에 보게 되듯 자매들 사이에서도 나타난다).

참된 아버지는 그의 아들을 시기하지 않고, 참된 아들은 그의 아버지를 시기하지 않는다. 압살롬은 다윗의 참된 아들이 아니었다. 그래서 그는 그의 아버지의 영역을 시기하며 넘보았다. 하지만 디모데와 디도는 바울에게 참된 '아들'들이었다(딤전 1:2; 딛 1:4 참조). 그들은 바울의 사역의 영역을 시기하지 않았다. 왜냐하면 그들은 그들의 영적 아버지의 영역을 존중하는 것이 그것을 강탈하는 것보다 더 큰 축복에 이르는 길임을 알았기 때문이다.

시기가 형제들의 문제라고 하는 것은 단순히 혈연관계를 넘어 일반적으로 같은 영향력의 범위 내에서 나란히 일하는 사람들의 문제라는 말이다. 같은 구역에 속한 이들은 형제이고, 이런 맥락에서 구역장은 그들의 아버지와 같은 존재가 된다. 그 위 단계 영향력의 범위에서는 지역 교회의 구역장(남녀노소 불문하고)들이 서로에게 형제가 되고 그 교회의 목사가 그들의 아버지가 된다. 같은 도시에서 목회하는 목사들(남녀노소 불문하고) 역시 서로에게 형제가 되고 빌리 그래함과 같은 분이 그들의 아버지가 되는 것이다.

구역장들은 보통 그들의 목회자의 성공을 시기하진 않는다. 오히려 목회자의 성공에 힘입어 탄력을 얻는다. 하지만 다른 구역장의 성공에는 어떻게 반응할까? 그것은 전혀 다른 이야기다. 그 구역장은 같은 사역의 영역 안에서 활동하기 때문에, 우리의 본성은 그 형제를 경쟁상대로 인식할 것이다.

시기는 특별히 드러나는 경우를 제외하고는 보이지 않는 마음의 죄다. 그렇기 때문에 어떤 상황이 벌어지기 전에는 우리에게 시기가 별 문제가 되지 않는다고 우리는 굳건히 믿는다. 하지만 하나님은 우리 마음속에 시기하는 기질들이 있음을 보여주는 방법을 잘 아신다(우리가 하나님과 거래하고 회개할 수 있도록 말이다). 그가 우리의 시기하는 기질을 드러내시는 데 사용하는 가장 흔한 방법은 우리의 가까운 형제에게 축복을 붓는 것이다.

나는 내 형제가 갈등하고 있는 동안 진심과 성심을 다해 그를 위해 기도했다. 하지만 하나님의 축복이 그의 삶 가운데 폭발적으로 일어났을 때, 내 마음속에는 다른 것이 폭발했다. 그리고 나는 더 이상 그를 위해 전과 같이 기도할 수 없었다. 하나님은 내 형제를 위한 내 기도에 응답하셨고, 그를 생각하는 나의 마음은 시기로 변했다.

자매

 시기는 또한 자매들 사이의 문제다. 성경 속 이스라엘 민족에게서 자매들이 '어머니'를 시기하는 모습은 보이지 않지만 서로를 시기하는 것은 어렵지 않게 찾아볼 수 있다. 게다가 묘한 것은 시기가 성별을 따라가는 듯하다는 것이다. 형제들은 그의 형제를 시기하고, 자매들은 그의 자매를 시기한다. 간혹 예외도 있을 수 있지만, 이성 사이에서는 눈에 띄게 일어나는 문제가 아니다. 자매들은 외모나 인기, 사회적 위치, 자녀나 사역의 은사를 두고 서로를 시기한다. 형제들은 직장에서의 성취, 경제적 능력, 그리고 사역의 은사를 두고 서로 시기한다. 두 경우 성격은 조금 다르지만 시기하는 마음을 품게 되는 유혹은 똑같이 존재한다.
 시기는 흔히 정체성을 찾으려는 노력에서 기인한다. 야곱이 라헬과 레아 두 자매와 혼인하고 레아는 자녀를 잉태했지만 라헬은 그러지 못했다. 성경에는 "라헬이 자기가 야곱에게 아들을 낳지 못함을 보고 그 형을 투기하여 야곱에게 이르되 나로 자식을 낳게 하라 그렇지 아니하면 내가 죽겠노라"(창 30:1)고 나온다. 그 시대에 한 남자의 아내로서의 자존감은 남편을 위해 자녀를 생산하는 여부에 달려 있었다. 이 자매들 사이의 시기가 얼마나 치열했던지 하나님은 모세의 율법에 이런 계율을 두셨다. "너는 아내가 생존할 동안에 그 형제를 취하여 하체를 범하여 그로 투기케 하지 말지니라"(레 18:18).

사실상 자매들 사이의 시기는 라헬과 레아의 두 세대 위로 거슬러 올라간다. 시기는 사라와 하갈 사이의 문제였다. 사라(아브라함의 아내)는 아이를 잉태하지 못했다. 그래서 아이를 갖기 위해 사라는 자신의 몸종 하갈을 아브라함에게 내주었다. 하갈은 아브라함에게서 이스마엘을 낳았지만 그후 그녀와 사라의 관계는 몸종과 주인 관계에서 경쟁상대로 변했다. 기적의 아이, 이삭이 태어났을 당시의 배경은 가족 안에서 다산의 어머니로서의 정체성을 확립하기 원했던 두 여인 사이에서 흥미로운 시기가 만발하던 때였다.

모세의 누이 미리암은 모세를 시기하지 않았다. 하지만 그녀는 모세의 아내를 시기하게 되었다. 모세의 아내 십보라는 이방인이었고, 미리암은 십보라가 이방인임에도 불구하고 모세의 아내로서 누리는 특권에 억울해 했다(민 12:1 참조). 그의 시기의 정확한 성격을 알 수는 없지만 그것은 어쨌든 자매들 간의 문제였다. 비슷한 영향력의 범위 내에서 일했기 때문에 아론은 미리암의 경쟁의식에 같이 휩쓸렸다. 아마도 그 역시 그의 형제인 모세를 시기했기 때문일 수도 있다. 하지만 미리암이 선동자였던 것은 명백하다. 왜냐하면 하나님이 미리암에게만 문둥병을 내리셨기 때문이다.

또 엘가나의 두 아내였던 한나와 브닌나의 경우가 있다. 브닌나는 자녀를 낳았지만 한나는 자녀를 잉태하지 못했다. 한나는 자녀를 낳은 브닌나를 향한 시기로 인해 갈등했다. 하지만 브닌나는 엘가나의 총애를 받는 한나를 시기했다. 이 갈등의 결과는 온 가족이 감당하기 무척 어려웠다. 우리는 성경을 통해 알 수 있다. 브닌나가 한나를 "심히 격동하여 번민케 하더라"(삼상 1:6). 이 이야기는 하나님이 한나에게 사무엘을 잉태케 하시며 한층 밝은 결과로 끝이 난다.

이 모든 자매들에 관한 이야기에는 공통점이 있다. 그것은 두 명의 여인이 아내, 어머니, 자매로서의 자신의 정체성을 확립하기 위해 벌이는 갈등이라는 것이다. 시기는 명백히 형제들만큼이나 자매들도 거부하기 어려운 그 무엇이다. 그러나 성경은 자매들보다 형제들 간의 시기의 예를 더 많이 보여준다. 다시 형제들의 경우를 살펴보자.

시기의 불길

민수기 16장에서 모세와 아론에게 대항해 시위를 벌인 고라와 레위 지파의 자손들과 이스라엘의 지도자들 이야기를 읽을 수 있다. 그들은 아론이 대제사장으로서 특권을 누려서는 안 된다고 생각했다. 그들 또한 아론과 같은 레위지파 자손이었고 같은 지파의 형제인데, 하나님이 아론을 주권적으로 선택하신 것에 대해 아론을 시기했다. 하나님이 그들의 시기를 벌하신 방식은 극적이고 끔찍했다. 지면이 갈라지더니 반역하던 지도자들과 그들의 가족 모두 산 채로 발아래로 삼켜졌다. 그러고는 하나님께로부터 불이 나와 반역에 참여한 250명의 지도자들을 소멸시켜 버렸다. 시기는 그들의 진영 가운데 불을 지폈고, 하나님은 그분의 불로 그들의 진영을 삼켜버리셨다.

산 채로 장사되고 치명적인 불로 삼켜진 이들의 극적 상황은 시기에 대한 하나님의 태도를 강조하기 위함이었다. 마치 하나님이 "이 불타오르는 도살은 시기에 대한 나의 감정을 나타내기 위해서다. 나의 주권으로 각자에게 나눠준 것을 서로 시기하는 것은 곧 너희가 나에게서 받은 것들을 멸시하는 것과 같다"라고 말씀하시는 것과 같았다.

언약 백성들의 역사는 시기로 엮인 이야기로 가득하다. 롯의 양치기들은 아브라함의 양치기들을 시기했다. 아브라함의 아들 이스마엘은 그의 형제 이삭을 시기했고, 이삭의 아들 에서는 그의 형제 야곱을 시기했으며, 야곱의 아들들은 그들의 형제 요셉을 시기했다. 그리고 계속해서 반복된다.

이제 왕들의 이야기에 다다랐다. 사울 왕과 다윗의 이야기는 계속되는 '시기심'의 격한 기복을 그린 설화다. 다윗은 사울을 시기하지 않았다. 그래서인지 그는 사울을 아버지와 같은 존재로 여겼다(삼상 24:11 참조). 하지만 불안정한 정체성으로 인해 사울은 다윗이 원했던 그런 영적인 아버지가 되어주지 못했다. 대신 그는 다윗을 형제와 같은 자, 왕위를 차지하려는 경쟁자로 보았다. 사울의 시기는 다윗의 생명을 앗아가기 위해 다윗을 8년 동안 군사 활동에 전력하게 만들었다. 다윗은 가까스로 탈출했고, 그것은 하나님의 개입하심으로만 가능한 일이었다.

대관식 후 다윗은 베냐민 지파(사울의 지파)의 구시와 대면했다. 구시는 사울의 사촌으로서 사울의 지위를 통해 사회적으로 높은 위치를 누릴 수 있었다. 다윗이 왕이 되자 구시는 그의 우선권을 잃었고, 그는 시기로 가득 차서 다윗을 퇴위시키기 위해 그의 명망을 떨어트리기 위한 비방 운동을 펼쳤다.

다윗은 기도할 때 이와 같은 종류의 비난을 받았음을 암시한다. "3여호와 내 하나님이여 내가 이것을 행하였거나 내 손에 죄악이 있거나 4화친한 자를 악으로 갚았거나 내 대적에게 무고히 빼앗았거든 5원수로 나의 영혼을 쫓아 잡아 내 생명을 땅에 짓밟고 내 영광을 진토에 떨어뜨리게 하소(셀라)"(시 7:3-5). 15절은 구시가 다윗을 대적해 쿠데타를 시도했음을 암시한다. "저가 웅덩이를 파 만듦이여 제가 만든 함정에 빠졌도다."

다윗의 위대한 업적 중 하나는 그가 시기에 맞닥뜨렸을 때마다 경건하게 대처함으로써 본을 보인 것이다. 그는 기회가 있었음에도 절대 그를 시기한 자들에게 보복하지 않았다. 다윗은 시기하는 자들을 존중하며 그들에게도 혜택을 주어야 한다는 것과 스스로를 방어하기 위해 결코 자신의 손을 쓰지 않아야 한다는 것을 보여주었다.

시기에 대해 공부하는 사람이라면 누구든 의심의 여지없이 다윗의 생애 동안 그를 둘러싼 시기의 끊임없는 순회를 보고 의아해 할 것이다. 그의 아들들 중 두 명이 그를 시기한 나머지 하나님은 그들의 형제인 솔로몬을 왕으로 택하셨다. 그래서 압살롬과 아도니야는 그들의 아버지 다윗을 퇴위시키고 죽이려는 시도를 했다. 이와 같이 다른 경우에도 하나님은 시기를 이용해 다윗을 그의 성공으로부터 보호하셨다. 그렇지 않았다면 그는 계속되는 자신의 성공에 도취되어 하나님의 상급을 얻는 데까지 이르지 못하고 경로를 이탈했을지 모른다. 그를 향한 시기 가득한 공격들은 그가 겸손하고, 깨어지고, 하나님만 의존하도록 만들었다. 그곳은 그가 있어야 할 곳이었다.

다니엘 역시 그의 성공으로 인해 사면으로 시기에 둘러싸인

인물 중 하나였다. 다리우스 왕의 주권 아래 있던 주지사들(다니엘의 동료들)은 다니엘이 왕에게 미치는 상당한 영향력을 시기해 그를 사자 굴에 넣을 방법을 공모했다. 시기는 그들로 하여금 수년 전 다니엘이 그들 중 몇 명의 생명을 구한 것조차 잊게 만들었다! 몇 해 전 느부갓네살 왕이 바벨론의 모든 현자들을 멸하라 명령했을 때, 다니엘은 왕의 꿈을 해석해 그들을 죽음으로부터 구했다. 하지만 그것은 수년 전의 일이고 기억에서 사라진 지 오래였다. 그들에게 있어 다니엘은 사회적 지위를 놓고 경쟁하는 경쟁상대였을 뿐이다. 그래서 그들은 다니엘을 죽이기 위해 모의했다. 그러나 하나님께서 주권적으로 간섭하시어 그를 사자의 입으로부터 구원하셨다.

시기와 예수님

다윗과 다니엘과 같이 예수님 또한 끊이지 않는 시기의 소용돌이 중심에 계셨다. 그럴 만하다! 그분과 같은 은사를 가진 자는 전무후무했다. 그러므로 만약 예수를 아는 자들이 시기하기를 즐겼다면, 그들에게는 기회가 많았을 것이다.

예수님은 처음부터 그의 형제들로부터 시기를 받아야 했다. 예수님이 당신의 형이나 오빠가 된 상황을 상상해 보았는가? 단 한 번도 잘못을 행하지 않고, 모든 일에 탁월하고, 모든 상황에 적절히 대처하며, 훌륭하고 예외적으로 재능이 많으며, 하나님과 친밀히 교류하는 사람이 당신의 형이라면 어떨지 상상해 보라! 오빠나 형이 있는 사람이라면 잘 이해할 수 있을 것이다.

내게는 나이가 많은 형이 한 명 있다. 성장기 시절 내내 나는 형 셸던의 뒤를 따라다니기에 바빴다. 매 학년 진급할 때마다 선생님들은 항상 "아, 네가 셸던의 동생이구나"라고 했다. 셸던은 나보다 똑똑하고, 키도 크고, 힘도 세고, 음악적인 재능도 많았다. 나는 나보다 우월한 형의 뒤를 쫓아가는 기분이 어떤 것인지 안다. 그럼에도 나는 예수님이 내 형일 경우는 상상조차 하기 어렵다.

예수님에게는 네 명의 형제가 있었는데, 그들은 예수님의 사역 동안에도 그분을 하나님의 아들이라 믿기 어려워했다. 예수님이 죽으시고 부활하신 후에야 비로소 믿을 수 있었다. 어떤 변화 과정을 거쳐야 자신의 형이 온 세상 만물의 창조자라는 결론을 내릴 사고 구조를 가질 수 있을까? 이 과정은 너무나 극단적인 나머지 하마터면 예수님의 형제들은 그곳에 이르지 못할 뻔했다. 하지만 예수님은 그의 긍휼하심으로 친히 그의 바로 아래 동생에게 나타나 그의 부활하심을 보여주심으로써 도움을 주셨다(고전 15:7 참조).

누가 이 문장을 서술했는지 한번 맞춰보기 바란다. "시기와 다툼이 있는 곳에는 요란과 모든 악한 일이 있음이니라." 예수님의 동생이다! 야고보는 예수님의 동생이었다(앞의 구절은 야고보서 3:16 말씀이다). 나는 야고보가 마치 이렇게 말하는 것처럼 들린다. "저는 산 채로 시기에 삼켜질 뻔했습니다! 시기는 제 마음 가운데 정말 큰 문제였고, 하마터면 구원마저 잃을 수도 있었습니다." 야고보는 개인적으로 시기를 경험했기에 이 주제에 대해 권위를 갖고 말할 수 있었다.

형제들만 예수님을 시기한 것은 아니다. 그 시대의 종교 지도자들 또한 예수님을 자신들 영역 안의 경쟁상대로 보았기 때문에 예수님을 격렬히 시기했다. 예수님의 사역은 이러한 종교 지도자들의 마음 가운데 있는 시기의 온도를 꾸준히 조절하는 것 같다. 그들의 시기가 섣불리 달아올랐다면 그들은 예수님을 너무 일찍 십자가에 못 박았을지도 모른다. 시기의 강도를 완화하기 위해 예수님은 광야로 모습을 감추기도 하셨다. 예수님이 예루살렘에 발을 들이실 때 시기 수치는 급등하곤 했다. 그래서 그분은 전략적으로 살인의 단계에 이르기 전에 미리 철수하셨다. 3년의 기간 동안 그분은 천재적인 장인의 솜씨로 시기가 살인으로 번지는 정확한 때를 기다리며 강도를 조절해 가셨다.

여기에 한 종교 지도자와 대면하는 인상적인 장면이 있다.

10안식일에 한 회당에서 가르치실 때에 11십팔 년 동안을 귀신들려 앓으며 꼬부라져 조금도 펴지 못하는 한 여자가 있더라 12예수께서 보시고 불러 이르시되 여자여 네가 네 병에서 놓였다 하시고 13안수 하시매 여자가 곧 펴고 하나님께 영광을 돌리는지라 14회당장이 예수께서 안식일에 병 고치시는 것을 분내어 무리에게 이르되 일할 날이 엿새가 있으니 그 동안에 와서 고침을 받을 것이요 안식일에는 말 것이니라 하거늘 15주께서 대답하여 가라사대 외식하는 자들아 너희가 각각 안식일에 자기의 소나 나귀나 마구에서 풀어내어 이끌고 가서 물을 먹이지 아니하느냐 16그러면 십팔 년 동안 사단에게 매인바 된 이 아브라함의 딸을 안식일에 이 매임에서 푸는 것이 합당치 아니하냐 17예수께서 이 말씀을 하시매 모든 반대하는 자들은 부끄러워하고 온 무리는 그 하시는 모든 영광스러운 일을 기뻐하니라. (눅 13:10-17)

회당장이 여인이 치유받는 것을 보고 분히 여겼을 때, 예수님은 그저 "네게 시기가 많도다!" 하실 수 없었다. 예수님이 "외식하는 자들아" 하며 책망하신 것은 사실은 회당장에게 그가 주장하는 이유와 다른 동기가 있었음을 보여주려 하신 것이다. 회당장은 안식일을 지키고자 하는 열성을 자신의 동기라고 주장하지만, 예수님은 회당장이 사람보다 소나 나귀에게 더 긍휼을 베

푼다고 반박하시며 실제로는 안식일이 중점이 아니라고 주장하셨다. 그가 분낸 이유는 예수님이 안식일을 지키지 않아서가 아니라 (그가 완전히 소유하지도 못한) 그의 영역에서 예수님이 능력과 권위를 나타내셨기 때문이다. 예수님은 무리들의 관심을 권위로 장악했지만 회당장은 그렇게 하지 못했다. 이때 시기가 부상한다.

시기는 모습을 감춘다

　회당장은 안식일을 위한 열성이라는 베일 아래 자신의 시기심를 감췄다. 이것은 시기의 주된 특징을 보여준다. 시기는 항상 모습을 감춘다. 고귀한 열성을 겉옷으로 입는다. 시기는 절대 발견되지 않으려 한다. 그래서 이차적인 문제(예를 들면 안식일과 같은 사안)로 눈을 돌리도록 겉으로 보기에 고귀한 열성을 만들어낸다.

　여호수아와 모세에게도 같은 일이 일어났다. 모세가 70명의 장로들을 장막으로 불러내고, 참석하지 않은 두 명을 뺀 채 안수식을 가졌을 때, 하나님의 신이 진에 머물며 장막에 나아가지 않은 두 명의 녹명된 자들에게도 임해 그들이 다른 68명의 장로들과 같이 예언을 했다. 이 소식을 들은 여호수아에게 거룩한 열성이 임했다. 그는 모임을 중요하게 여기지 않은 자들에게 동일한 축복이 내려진 것은 옳지 않다고 생각했다. 여호수아가 외쳤다. "내 주 모세여 금하소서"(민 11:28). 모세의 반응은 아주 참신했다. "네가 나를 위하여 시기하느냐 여호와께서 그 신을 그 모든 백성에게 주사 다 선지자 되게 하시기를 원하노라"(민 11:29). 여호수아는 그의 시기를 거룩한 열성으로 보이게끔 감추었다. 하지만 모세의 반응은 참된 아버지의 마음을 보여준다.

예수님을 향한 대제사장들의 시기는 궁극적으로 그들로 하여금 예수님을 살해하도록 내몰았다. 그러나 그들은 자신이 시기로부터 동기부여되었다는 것을 보지 못했다. 그 종교 지도자들은 정당하고 순결한 동기로 인해 예수님을 십자가에 못 박는다고 굳게 믿고 있었다. 하지만 할례받지 않은 이방인 군주도 그들보다 더 분별력이 있었다! 빌라도는 유태인 지도자들의 증오의 원천이 시기였다는 것을 금방 알아차렸다(마 27:18; 막 15:10 참조).

이것은 시기의 놀라운 위력을 잘 보여준다. 우리의 마음속 동기들의 본성으로부터 우리를 속이는 시기의 위력을 말이다. 이것은 또한 시기를 분별하기 위해 영적 거인일 필요는 없다는 것을 보여준다. 신앙이 없는 군주도 그것을 순간적으로 알아볼 수 있었다. 빌라도는 시기의 격렬한 감정이 소요하는 것을 보았을 때, 예수님을 놓아주고 대신 (반역자이자 살인자였던) 바라바를 기소하는 것으로 대제사장들이 객관성을 되찾을 수 있도록 도우려

했다. 그러나 대제사장들은 시기심에 사로잡힌 나머지 바라바를 놓아주고 예수님을 십자가에 매달아 죽일 것을 요구했다. 그 순간 빌라도는 자신이 이성적인 논증이 통하지 않는 감정을 상대하고 있다는 것을 알았다. 무리는 통제불능이었다. 대제사장들은 문자 그대로 시기로 인해 이성을 잃었다. 그들은 예수님을 십자가에 매달아 죽이기 위해 도시의 거리에 살인자를 풀어주려고 했다. 시기는 대제사장들로 하여금 살인과 무자비하고 잔인한 행위를 추진하는 유세를 하도록 했다. 이 이야기는 사람들로 하여금 터무니없는 광적인 행위도 마다하지 않게끔 하는 시기의 끔찍한 위력을 보여준다.

예수님과 시기에 관한 예를 하나 더 보자.

53예수께서 이르시되 내가 진실로 진실로 너희에게 이르노니 인자의 살을 먹지 아니하고 인자의 피를 마시지 아니하면 너희 속에 생명이 없느니라 54내 살을 먹고 내 피를 마시는 자는 영생을 가졌고 마지막 날에 내가 그를 다시 살리리니(…)60제자 중 여럿이 듣고 말하되 이 말씀은 어렵도다 누가 들을 수 있느냐 한대 61예수께서 스스로 제자들이 이 말씀에 대하여 수군거리는 줄 아시고 가라사대 이 말이 너희에게 걸림이 되느냐 62그러면 너희가 인자의 이전 있던 곳으로 올라가는 것을 볼 것 같으면 어찌하려느냐. (요 6:53-54; 60-62)

관계의 진정한 모습을 드러내는 데에는 승진보다 효과적이고 빠른 방법이 없다는 것을 예수님은 잘 아셨다. 예수님의 살과 피를 주는 것을 걸림돌로 받아들인다면, 예수님이 온 세상의 보좌자리로 승진하실 때 그들은 어떤 짓을 할까? 그들의 마음 가운데 시기심이 자리 잡고 있다면, 예수님의 승천과 영광은 그들을 불쾌하게 할 것이다.

이 원리는 모든 인간관계에 존재한다. 당신의 옆 사람이 승진했을 때, 당신은 갑작스레 그 사람과의 관계의 본모습을 보게 된다. 시기가 생기는가? 불쾌한가? 아니면 기쁨이 넘치는가? 어머니는 아들이 승진할 때 자랑스러운 나머지 얼굴에 빛이 난다. 어머니의 사랑은 참되기 때문이다. 승진은 사랑의 진위를 시험한다. 당신이 아닌 동료가 승진할 때, 당신의 우정의 진위가 시험대에 오르고 드러난다. 그리스도 안에서 형제나 자매가 사역 안에서 승진할 때, 당신 마음에 시기가 가득 차는가 아니면 사랑의 진실함이 드러나는가?

세례 요한은 시기했을까?

세례 요한은 그리스도의 길을 예비했고, 그분이 나타나시기를 열정적으로 기대했다. 그러나 그리스도가 오셨을 때 요한의 충성심을 시험한 가장 어려운 시험은 어쩌면 '시기심의 시험'이었을지 모른다. 무리들이 요한을 떠나기 시작하고 예수님의 모임에 참석할 때, 요한은 어떻게 반응했을까? 그에 상응하는 대답을 세례 요한이 직접 아주 생생하게 표현한다.

26저희가 요한에게 와서 가로되 랍비여 선생님과 함께 요단강 저편에 있던 자 곧 선생님이 증거하시던 자가 세례를 주매 사람이 다 그에게로 가더이다 27요한이 대답하여 가로되 만일 하늘에서 주신 바 아니면 사람이 아무것도 받을 수 없느니라 28나의 말한 바 나는 그리스도가 아니요 그의 앞에 보내심을 받은 자라고 한 것을 증거할 자는 너희니라 29신부를 취하는 자는 신랑이나 서서 신랑의 음성을 듣는 친구가 크게 기뻐하나니 나는 이러한 기쁨이 충만하였노라 30그는 흥하여야 하겠고 나는 쇠하여야 하리라 하니라. (요 3:26-30)

요한의 제자들은 그들의 사역이 점점 쇠퇴되어 가는 조짐을 보고 불안해했다. 그들의 주인의 사역에 사람들의 참석률이 처음으로 떨어지기 시작했다. 요한은 인기를 잃고 있었고 예수님은 얻고 계셨다. 요한도 마찬가지로 불안해야 하지 않았을까? (그들은 겉으론 요한의 사역에 대한 열성을 보이는 듯했지만 사실은 예수님의 사역을 시기했다.)

그러나 요한은 그들의 시기에 동참하지 않았다. 그는 스스로를 "신랑의 친구"라 불렀고, 정작 그의 사역이 축소되고 있음에도 충성심으로 예수님을 향한 우정을 보였다. 그는 신랑의 목소리를 듣기 위해 서서 기다렸다. 그리고 이제 들었다. 요한은 그의 축소되는 사역에도 의기소침해져 단념하지 않았다. 오히려 그는 신랑의 오심을 기뻐하며 그분의 사역이 신부가 보는 앞에서 점점 확장하는 것에 크게 기뻐했다.

요한은 기본적으로 이렇게 말하고 있었다. "나의 모임은 점점 줄어들고 있고, 나는 너무 좋아서 신이 난다!" 그는 신랑의 진정한 친구였다. 그의 의무는 신랑을 위해 신부를 준비하는 것이었다. 그러므로 신부가 그에게서 눈을 돌려 신랑에게 애정을 품었을 때 그의 가장 간절한 꿈이 이루어진 것이다. 요한의 마음속에 시기는 자리를 잡을 수 없었다. 그는 그의 영혼의 연인을 향한 거룩하고 열정적인 불로 불타고 있었기 때문이다. 그의 사랑은 진실했다.

상급의 여러 수준

이 장에서 우리는 시기를 형제와 자매들 사이에 일어나는 상호작용으로 관찰했다. 비슷한 영향력의 범위 내에 있는 동년배

들 사이에서도 시기는 일어난다. 예수님은 이 상호작용을 설득력 있는 우화를 통해 보여주셨다.

마태복음 20:1-16의 비유를 보면, 예수님께서 한 토지 소유자에 대한 이야기를 하신다. 집 주인은 하루 한 데나리온의 삯을 약속하고 포도원에서 열두 시간 동안 일할 품꾼들을 고용했다. 조금 후에 그는 나가서 아홉 시간 동안 일할 다른 무리의 품꾼들을 고용했다. 여섯 시간 동안 일할 품군들을 고용했고, 또 세 시간 동안 일할 이들, 그리고 마지막으로 한 시간 동안만 일할 이들을 고용했다. 그러나 하루의 노동이 끝나자 주인은 그들의 노동시간과 상관없이 모든 품꾼들에게 똑같이 한 데나리온씩 지불했다.

그들이 모두 똑같은 금액의 품삯을 받았을 때, 가장 오랜 시간 노동한 품꾼들이 포도원 주인에게 불평하기 시작했다. 모두에게 평등하게 지불했을 때, 품꾼들은 포도원 주인이 적게 일한 품꾼에게 특혜를 주었다고 주장했다. 열심히 일한 자들은 고작 한 시간 동안 일한 자들을 시기했다. 포도원 주인이 모든 고용인들을 평등하게 대우하지 않았다는 사실이 시기를 조성했다.

예수님이 이 비유를 통해 가르치려 하셨던 것은 하나님이 동등한 지위에 있는 형제들에게 각기 다른 은사를 주셨을 때 시기가 어떻게 수면 위로 떠오르는지에 대한 것이었다. 하나님은 그의 아들과 딸들에게 모두 같은 은사를 주시지 않는다. 적어도 겉으로 볼 때 하나님이 공평하지 않다고 생각되면, 시기는 발 디딜 기회를 비로소 찾는다.

여기에 시나리오가 하나 있다. 그리스도가 다시 오실 그날이 가까워질수록 더욱 비일비재할 시나리오다. 당신이 하나님 나라를 위해 수년 동안 열심히 일했다고 가정해 보자. 추수의 열기를 견뎌왔다. 열심히 중보했다. 수년 동안 신실했다. 그런데 하나님께서 그분의 영을 부으시는 마지막 때에 갑자기 길거리에서 마약중독자를 한 명 데려와 때를 좀 벗기고는 당신의 것보다 더 큰 사역을 맡기신다. 얼핏 보기에 그는 적은 노력만으로 하나님께로부터 훨씬 많은 것을 얻은 것처럼 보일 수 있다. 당신의 마음에 무엇이 일어나는가? 시기심이다! 마지막 때에 하나님께서 준비 과정을 가속화하신다는 것을 알고 있더라도, 내가 얻기 위해 일했던 것을 정작 타인이 얻는 모습을 보면 '육신'의 마음은 여전히 어렵다(요 4:38 참조).

예수님은 비유를 통해 말씀하셨다. 포도원에서 가장 오래 일한 자들이 포도원 주인에게 "원망하여 가로되"(마 20:11) 하였을 때, 그 시기의 원망 대상은 바로 하나님이라고 지목하셨다. 시기는 하나님이 다른 형제에게 인자하고 관대하신 것에 대해 분노한다. 그러나 하나님은 선하시고 그를 위해 열심히 일한 것과 더불어 그분의 기준에 따라 종들에게 상을 내려주시는 분이다.

집 주인(하나님을 상징함)은 누가 시기하는지 물었다. "네가 악하게 보느냐"(마 20:15). 시기가 그늘의 마음에 가득해 감정적으로 흥분한 나머지 그들의 눈에서 튀어나올 정도였다. 악한 눈이 생겼다. 악한 눈이란 다른 형제를 보고 그가 가진 것을 원할 때 눈이 어둠으로 자욱해지고 악을 부채질한다.

예수님이 악한 눈에 대해 말씀하셨을 때 잠언 23:6을 염두에 두셨는지도 모르겠다. 뉴킹제임스성경(New King James Version)의 잠언에서는 '구두쇠'(miser)라는 단어를 사용하는데, 문자적으로 "악한 눈을 가진 자이다"라는 의미다. 그래서 악한 눈은 탐욕과 인색함과 관련이 있고, 선한 눈은 관용을 뜻한다. 악한 눈은 타인의 관대한 축복을 빌지 않는다. 시기가 눈을 어둡게 할 때, 영적으로 파생된 그 결과물은 놀랍다. 우리의 눈이 시기와 탐욕으로 어두워질 때 우리의 온몸이 어두워진다(마 6:23 참조). 그러므로 우리 마음 가운데 시기를 극복하는 것은 더더욱 필수다.

예수님의 비유에 나오는 품꾼들은 모두 같은 포도원에서 함께 일했기 때문에 시기의 문제로 인해 갈등했다. 그들이 각자 다른 지역에서 일했더라면 이야기는 전혀 달랐을 것이다. 그러나 그들을 모두 같은 포도원에 두었을 때 시기가 일어나는 것은 불가피했다.

하나님은 이 같은 상호작용을 통해 우리의 마음이 똑같은 시험을 거치도록 허락하신다. 그분은 우리를 다른 사역자들이 부름 받은 지역이나 사회에서 그들과 같이 섬기도록 하신다. 주님을 위해 열심을 다해 섬기는 다른 형제나 자매들 바로 옆에 우리를 두시고는 추수 때 한 사람보다 다른 사람으로 인해 더 많은 열매를 맺게 하신다.

당신은 다른 동역자의 소모임이 당신의 모임보다 더 활성화하는 것을 볼 때 어떻게 할 것인가? 다른 교회가 당신의 교회보다 더 빠르게 성장할 때, 특히 그 성장의 이유 중 하나가 당신의 교회를 떠나 그 교회로 옮겨간 한 가정에서 비롯된 것이라면 어떻게 할 것인가? 찬양팀 안에서 당신이 아닌 다른 구성원이 개인 마이크를 받도록 선택된다면 그렇지 못한 당신은 어떻게 반응하겠는가? 당신 자매의 사역은 부흥하고 당신의 사역은 축소된다면 당신의 눈은 어떤 모습일까?

다른 합당한 동기를 내세워 시기를 감추는 것은 우리 모두에게도 하나님 나라를 확장하는 데 있어서도 치명적이다. 시기가 감추어지고 해결되지 못할 때 하나님의 선한 목적은 방해를 받고 좌절된다.

시기를 고백하고 거기에 달라붙은 촉수들을 처리하는 것은 그리스도의 목적을 증진시키기 데 있어 굉장한 위력을 가졌다.

형제와 자매들이 솔직하게 이 문제를 대면함으로써 하나님의 임재가 영광과 능력으로 임하도록 예비하는 고속도로가 건설된다.

그 과정은 고통스러울 수 있지만, 지금 이 시간 우리가 성령님의 조치하심을 받아들이고 승리를 향한 길을 찾기로 선택하자. 그리하여 우리 하나님의 이름을 온 세상에 널리 알리고 퍼뜨리는 것이다!

Chapter 4
위대한 재능 대결

하나님께서 인간에게 다채로운 달란트를 주셨을 때,
이미 거대한 시기심의 분출이 예상되었다.

　　　　　　　이 책의 주제와 관련해 성경에서 가장 흥미로운 부분은 예수님의 다채로운 비유들에서 찾을 수 있다. 그리고 그분은 이 땅의 사역에서 가장 마지막에 이것을 나누려고 아껴두셨다.

이 비유(마 25:14-30 참조)에서 예수님은 여러 가지 방법을 통해 이익의 증가를 기대하며 종들에게 달란트를 주고 타국으로 떠난 한 사람에 대해 말씀하신다. 한 종에게는 다섯 달란트를 주었고, 다른 종에게는 두 달란트를, 그리고 마지막 종에게는 한 달란트를 각자의 능력에 맞게 주었다. 첫 두 종은 두 배의 이익을 남겼지만 세 번째 종은 땅을 파고 그의 한 달란트를 감추어두었다.

주인은 돌아와 두 종이 그들의 달란트를 배가시킨 것을 보고 "잘하였도다 착하고 충성된 종아 네가 작은 일에 충성하였으매 내가 많은 것으로 네게 맡기리니"라고 말했다(마 25:21, 23). 자신의 한 달란트를 잃을까 두려워하여 땅에 묻은 세 번째 종은 그의 주인으로부터 극심한 비판을 받고 어두운 데로 쫓겨났다.

비유 속의 주인은 하나님을 상징한다. 종들은 하나님께 각기 다른 수준의 능력을 받은 사람을 상징한다. 그리고 비유 속의 달란트는 하나님이 그의 나라를 확장하기 위해 주신 은사, 능력, 자원들을 뜻한다. 주인은 종들이 그것을 배가시키고 극대화하길 기대했다.

이 비유는 하나님이 모든 믿는 자들에게 주신 각자 다른 수준의 능력에 대한 이야기다. 어떤 이들에게는 한 달란트를, 다른 이들에게는 두 달란트를, 그리고 또 다른 이들에게는 다섯 달란트를 주셨다. 실제 각 은사의 정도는 이렇듯 세 가지로 나뉘는 것이 아니라 거대한 연속체 안 어딘가에 위치해 있을 것이다. 그것을 예수님께서 1 또는 5와 같은 숫자로 나타내신 것이다.

하나님은 다양한 영역에서 우리에게 은사를 주신다. 그러나 은사가 가장 명확하게 드러나는 영역은 찬양경배 사역이다. 음악 사역에서 한 사람의 은사를 측정하는 것은 너무나 쉬워서 숫자로 나타낼 수 있을 정도다. "아 그래, 그녀의 노래하는 수준은 3.7 정도 돼." "그를 피아노 앞에 앉히면 재능척도에서 4.5 수준의 음악을 들을 수 있지." 음악적 재능은 명확하게 측정이 가능하기 때문에 분별력 있는 사역자가 모든 찬양팀원의 이름을 적고는 그들 각자의 재능에 대해 점수를 매길 수 있을 지경이다.

이렇듯 음악적 재능이나 은사는 명확한 측정이 가능하기 때문에 교회 안의 음악 사역을 위 비유의 원칙을 설명하는 예로 택했다. 이 원칙들을 가르침, 상담, 행정, 섬김과 같이 다른 사역에 적용하는 것은 당신 몫이다.

첫 번째로 주목하게 되는 것은 예수님이 말씀하신 것 같이 그 주인이 "각각 그 재능대로"(마 25:15) 달란트를 주었다는 것이다. 그분은 우리가 감당할 수 있는 정도를 아시며 그에 맞게 재능들을 주신다. 당신보다 많은 은사를 가진 타인을 보고 그들이 가진 것을 시기하는 마음을 뿌리치는 것은 어려울 수 있다. 그러나 만일 그들이 가진 수준의 은사를 당신이 가졌다면, 아마도 당신은 금방 소진될 것이다! 당신은 추가적인 은사들로 인한 책임을 감당할 수 있도록 지음 받지 않았다. 청지기의 책임이 은사보다 큰 나머지 당신을 해칠 수 있다.

하나님은 당신의 최선을 아시기에 그 능력에 맞게 은사를 주신다. 그분은 당신을 정확히 그분이 원하시는 대로 창조하셨기 때문에 당신의 있는 모습 그대로를 사랑하신다. 당신이 그저 당신 자신일 때 그분은 당신을 사랑하신다. 그리고 그분은 당신이 효과적으로 청지기 역할을 감당할 수 있는 것 이상 주시지 않는다. 그러니 우리가 가진 은사들로 인해 감사하고, 우리가 감당할 수 있는 이상을 주시지 않은 것에 대해 감사하자!

작곡가이자 잔양 인도자인 데이비드 버로니(David Baroni)는 이렇게 말했다. 시기는 하나님을 모욕한다. 마치 내 형제에게 모든 것을 주신 나머지 내게 정당한 몫을 주실 만큼 그분에게 남아 있지 않다고 하는 것과 같다. 그러나 하나님께는 충분하고도 남을 만큼 있다! 하나님께서 누군가에게 은사를 제한하셨다면, 그것은 우리가 감당할 수 있는 만큼을 넘어 부담을 주지 않으시려 하기 때문이다.

재능의 원리

오직 하나님만이 재능을 주신다. 당신이 받지 않은 달란트를 갖고 일할 수는 없다. 달란트에 관해서라면, 당신은 받은 것이 전부다. 그가 주시지 않으면 갖지 못한다. 나는 악기 연주하는 것을 굉장히 즐기는 몇몇 사람들을 알고 있다. 그러나 그들은 앞으로 30년을 더 연습해도 음악가가 될 수는 없다. 제아무리 연습해도 하나님이 주시지 않은 은사를 받을 수는 없다.

어떤 경우 전에는 없었던 달란트를 찾은 것을 볼 수 있다. 이런 일이 일어난 것처럼 보이게 하는 네 가지 사례가 있다.

1. **성숙**: 우리가 어른으로 성장하며 우리 안에 잠재하던 재능을 발견할 때가 있다. 하지만 이것은 자연적으로 성장하면서 재능이 드러난 것이다.
2. **각성**: 어떤 재능은 우리 안에 잠재된 능력을 볼 줄 아는 유능한 스승을 만나기까지 우리 안에 잠재되어 있다.
3. **연마**: 우리의 재능을 성실하게 연마하고 배가시켜 나갈 때, 어떤 경우는 놀라운 수준을 발견하게 된다. 나는 어떤 분야에서 1.5 수준의 재능을 갖고 그 이상 오르지 못할 거라 생각했던 사람들이 일념으로 그들의 은사를 성장시켜 그들이 이르지 못할 경지까지 이르는 것을 본 적이 있다. 그리고 그것으로 인해 나는 그들을 3.5 수준 정도로 평가하게 되었다.
4. **다운로드**: 어떤 경우 하나님은 이미 성장한 어른에게도 전에는 전혀 없었던 은사들을 다운로드해 주신다.

그래서 이 두 가지 원칙이 남는다. 당신은 하나님이 주신 것들로만 일할 수 있고, 달란트를 연마하거나 배가시킬 수 있다. 달란트에 관해서 하나님께서는 두 가지 주된 자질인 '착함'과 '충성됨'을 보신다. 이 모든 것 후에 결국 우리가 듣고 싶은 것은 "잘

하였도다 착하고 충성된 종"이라는 말이다. 착함은 도덕적 청렴함과 바른 것을 뜻한다. 충성됨은 근면성실과 믿음직함과 수고와 노고를 뜻한다. 지혜로운 청지기는 헌신하며, 무엇보다 착하고 충성되다.

음악적 재능을 향상하는데 가장 좋은 방법은 음악적 재능이 뛰어나거나 기름부음이 뛰어난 사람 가까이에서 어깨너머로 배우는 것이다.

내 형 셸던이 대학교로 떠났을 때 어머니는 형 대신 내가 교회에서 피아노를 칠 것이라고 말씀하셨다. "하지만 엄마, 저는 피아노를 칠 줄 몰라요." 이런 내 주장에도 어머니는 아랑곳하지 않으셨다. 이제부터 내가 피아노를 쳐야 했다. 논쟁의 여지가 없었다. 그 당시 교회에는 오르간과 피아노, 두 개의 악기만이 있었다. 어머니는 오르간을, 나는 피아노를 치게 된 것이다.

그때 나는 열네 살이었는데, 첫 번째 주일은 그야말로 참사였다. 너무 부끄러웠던 나머지 다가오는 주일을 대비해 그 주 내내 연습하는 데 시간을 보냈다. 어머니는 오르간의 페달을 바닥이 닿을 때까지 꾹 눌러 나의 무능함을 완전히 덮어버리셨다. 그리고는 모든 곡을 끝까지 헤쳐 나가셨다. 그러는 동안 나는 간신히 쫓아갔다. 그렇게 한 주가 한 달이 되어 지나갔고, 나는 점점 어머니 뒤를 바짝 쫓아가게 된 것을 발견했다. 이윽고 나는 어머니를 따라갈 수 있게 되었고, 어떤 부분에서는 뛰어넘었다고 할 수도 있겠다. 나는 말 그대로 교회에서 피아노 치는 법을 배웠다! 그리고 나는 달란트에 관하여 아주 중요한 원칙을 배웠다. 능력이 뛰어난 사람 옆에 서 있어라. 그러면 따라잡는 법을 배우게 된다.

　작가이자 교사인 마이크 비클(Mike Bickle)은 예수님이 사용하신 '달란트'라는 단어는 공적 은사를 뜻한다고 하는 매우 흥미로운 관점을 제시했다. 다시 말해, 네 달란트를 가진 자와 세 달란트를 가진 자의 차이점은 네 달란트를 가진 자의 은사가 당연히 사람들 앞에서 두드러진다는 것이다. 더 큰 은사를 가진 사람이 더 자연스럽게 공개적인 단상에 서게 된다. 솔로몬은 이 원칙을 명확하게 표현한다. "네가 자기 사업에 근실한 사람을 보았느냐 이러한 사람은 왕 앞에 설 것이요 천한 자 앞에 서지 아니하리라"(잠 22:29). 다윗의 장막에 있던 그나냐의 경우도 한 예로 들 수 있다. 그는 "노래에 익숙하므로"(대상 15:22) 찬양 인도자의 높은 위치에 올랐다. 성실하게 자신의 재능을 향상시켜 실력이 능숙해진 자들은 자연스럽게 그 분야에서 중요한 역할을 맡게 된다. 찬양경배 사역에서 더 능숙하고 더욱 기름부음 받은 자들이 리더의 역할을 맡는 것은 바람직한 것이다.

재능의 분배

하나님께서 사람들에게 재능을 주시는 방식은 완전히 무작위로 보일 수 있다. 그분은 더 아름답거나, 키가 크거나, 짙고 깊은 머리색을 가졌거나, 똑똑하거나, 성격이 매력적인 자들에게 더 많이 주시지 않는다. 재능의 분배는 얼핏 보기에 분명한 기준이 있어 보이진 않는다. 왜 하나님은 어떤 사람에게는 한 달란트를 주시고 다른 사람에겐 두 달란트를 주시는가? 분명한 이유는 없다. 그냥 그렇게 하신다. 왜냐고 물어도 절대 해답을 얻을 수 없을 것이다. 그의 주권적인 권세로 각자에게 줄 것을 선택하신다. 당신이 받은 달란트의 크기와 상관없이 그분은 어느 누구와 다르지 않게 똑같이 당신을 사랑하신다.

하나님은 이 사람에게 한 달란트를 주시고, 저 사람에게 두 달란트를 주시고, 또 다른 사람에게는 다섯 달란트를 주신다. 그리고 그들을 전부 같은 찬양경배팀에 모으시고는 "잘 해결해 보라"고 하신다. 그야말로 재앙을 가져올 레시피다! 찬양 사역은 교회 내에서 가장 큰 골칫거리 중 하나라고 평판이 나 있다. 왜 그럴까? 한 가지 이유는 의심의 여지없이 사단이 찬양 사역의 엄청난 위력에 저항하기 때문이다. 또 다른 이유는 찬양팀 안에서 다양한 재능을 가진 지체들 사이에서 일어나는 시기를 들 수 있다. 이것의 근원은 마귀라기보다는 우리 육신의 연약함에서 비롯된 문제다. 여기에 대해 야고보가 언급한 것을 다시 생각해 보자. "시기와 다툼이 있는 곳에는 혼란과 모든 악한 일이 있음이라"(약 3:16). 찬양 사역 가운데 시기의 존재를 제압하지 않고 방관할 때 "모든 악한 일"이 들고 일어나게 된다. 그러므로 이러한 문제들을 빛 가운데 드러내고 서로 회개하는 직면의 시간을 갖는 것이 무엇보다 중요하다.

재능 수준이 다른 사람들을 함께 두는 것은 문제가 일어나기를 바라는 것과도 같다. 찬양 사역의 영역은 지뢰밭이다. 하지만 하나님께서 다양한 수준의 은사를 그리스도의 지체들에게 나누어 주신 목적이 있다. 그 목적을 살펴보자.

교회 성장의 문제

제각기 다른 재능을 가진 자들이 함께 일할 때 실제로는 이런 상호작용이 일어난다. 새로운 교회가 개척되었고 이 어린 교회에 30명 남짓의 성도가 있다. 처음 교회를 개척했을 때에는 1달란트라도 가진 이가 오면 얼마나 감사한지 모른다. "그 사람이 밴조로 곡 하나를 연주할 줄 안다고? 찬양팀으로!" "저 자매가 오토하프를 좀 한다고? 찬양팀으로 보내게!" "프랭크가 기타로 G장조와 D장조를 연주할 줄 알아? 프랭크를 이제 찬양 인도자로 세운다!"

그러던 어느 주일날, 당신이 2달란트짜리 재능을 갖고 그 교회로 들어간다. 1달란트짜리 찬양 사역을 보고 속으로 '내가 바로 이 때를 위해서 왔어'라고 생각한다. 당신은 목사님에게 다가가 당신의 재능을 알리며 섬기기 원한다는 의지를 보인다. 목사님은 당신의 2달란트 재능을 보고는 눈을 반짝인다. 당신이 바로 목사님의 기도 응답이다! 목사님은 지체하지 않고 바로 찬양 사역을 당신에게 맡긴다. 얼마 후 당신은 그 사역이 전혀 새로운 차원에서 기능을 발휘하도록 한다. 교회에서 찬양은 날아오르기 시작하고, 회중 가운데 찬양의 영이 더욱 증가해 간다. 하나님의 임재는 이전보다 충만하고 사람들은 점점 더 찬양의 분위기에 이끌려 성도 수가 늘어나기 시작한다. 교회는 30명에서 75명, 그리고 130명까지 성장한다. 당신은 찬양 사역의 구세주가 된다. 교회의 모든 성도들이 당신을 사랑하고 하나님이 당신을 이 교회에 보내주신 날을 회상하며 계속해서 감사한다.

그러던 어느 주일 아침, 일이 일어난다. 저 뒷문을 열고⋯ 5달란트가 들어온다! 당신은 속으로 이렇게 말한다. '네가 나온 곳으로 다시 돌아갈지어다!' 당신은 이 5달란트의 경이로움을 바라보며 내면에서 일어나는 갖가지 감정들에 경악한다. 이 5달란트를 가진 자매가 찬양 사역에 합류하면 그녀의 은사들이 자연스럽게 실력을 발휘해 결국에는 찬양 사역의 리더 자리를 맡게 될 것이다. 그리고 그녀는 찬양팀의 새로운 구세주가 될 것이다. 당신은 그녀의 놀라운 은사와 훌륭한 영적 기름부음의 그림자 속에서 잊혀져 갈 것이다.

나는 전도서 4:4의 이야기를 그리는 것이다 "내가 또 본즉 사람이 모든 수고와 여러 가지 교묘한 일로 인하여 이웃에게 시기를 받으니 이것도 헛되어 바람을 잡으려는 것이로다." 5달란트를 가진 사람이 열심히 수고하며 그의 재능을 향상한 대가는 바로 시기다.

2달란트를 가진 자가 1달란트 가진 자를 보며 이렇게 생각한다. '물러나라. 내가 왔으니 이제 일을 좀 다르게 할 것이다.' 그러나 2달란트가 5달란트를 보았을 때 이렇게 생각한다. '눈알을 뽑아버리고 싶다. 여기에 머물지 마라. 여기를 네 교회로 삼지 말고 다른 곳으로 가라.' 바로 시기의 문제다. 그리고 이 문제는 결국 세상 모든 찬양 사역의 수면 위로 떠오른다.

이런 작용은 급성장하는 교회들의 성장통의 일부다. 교회가 성장해 감에 따라 여러 사역들 안의 은사 수준도 교회 공동체와 함께 성장해야만 한다. 재적 900명의 교회가 계속해서 성장하려면 100명 성도 교회에선 필요 없는 찬양 사역 수준이 필요할 것이다. 다른 사역들과 마찬가지로 찬양 사역의 수준이 교회와 함께 성장하지 않는다면, 교회의 성장은 인도자들의 수준에 맞춰 점차 수평을 유지하게 될 것이다. 목사들은 때때로 이러한 어려운 상황에 놓이게 된다. 찬양 사역에 이 3달란트 가진 사람을 계속 있게 함으로써 모두가 도전 없이 가도록 할 것인가, 아니면 찬양 사역을 위해 이 4달란트 가진 사람을 영입해 계속해서 성장하도록 할 것인가? 하지만 이런 결정에 불쾌해 할 사람들이 있을 것인데… 과도기를 거치며 목회하는 것은 극도로 섬세한 사안이다.

함께 걷기

2달란트 가진 자가 1달란트 가진 자를 보며 약간의 자만심을 갖고, 2달란트 가진 자는 5달란트 가진 자를 보고 시기로써 반응한다고 말했다. 하지만 1달란트를 가진 자는 어떠한가? 예수님에 의하면, 그들의 성향은 달란트를 땅에 묻어두는 것이다. 찬양 사역의 탁월함이 점차 발전하면서 1달란트 가진 자는 이렇게 말한다. "나는 그만두겠다. 이제 찬양 사역을 내려놓아야겠다. 너희는 이제 날 넘어섰다. 내가 저 잘 나가는 자 옆에 서 있을 만큼

멍청하진 않지. 아니, 난 이제 이 교회에서 나간다." 그렇게 1달란트를 가진 자는 그의 1달란트를 땅에 묻어둔다.

그리고 5달란트 가진 자는 이렇게 말하는 경향이 있다. "우리 모두 그냥 좀 밝게 살 수 없나요? 이런 쓸데없는 싸움은 제쳐둘 수 없나요? 그러면 순조롭게 전진할 수 있을 텐데!" 5달란트를 가진 자는 서로를 비교하는 일에 에너지를 쏟지 않고 앞으로 나아가기만 바란다.

예수님의 비유는 5달란트 가진 자에게 이렇게 말씀하신다. 서두르지 말고 다른 자들을 너와 함께 데려가라. 너의 의무는 너보다 재능이 적은 자들을 가르치고, 교육하며, 인도하고, 준비시키고, 전수하는 것이다. 네가 속도를 늦출 의지가 있고 모두를 위해 기다릴 마음이 있다면, 이 찬양 사역 안에서 네 역할을 충실이 해낼 것이다. 너는 다른 자들을 제자 삼는 자가 될 것이다.

대부분의 경우 우리는 2달란트 가진 자의 범주에 해당된다. 어떤 사람들만큼 재능을 가진 건 아니지만 다른 어떤 사람들보다는 재능이 있다. 이런 간단한 진실을 깨닫는 것은 건전한 경종이기도 하다. 당신보다 재능 있는 사람은 얼마든지 있다. 이번 기회에 익숙해지길 바란다. 우리와 같은 대부분의 사람들은 이렇게 중간 범주에 속한다. 예수님의 비유가 요구하는 것은 이것이다. 그리스도 안에서 우리의 유업을 시기가 강탈하지 못하도록 하라. 5달란트 가진 형제들의 성공을 기뻐하라. 그들과 함께 전투에 합류하라. 모두 함께 가자. 그리고 이 중간 범주에서 기둥과 같이 섬기고 찬양 사역을 지원할 수 있다는 것에 감사하라.

또한 이 비유가 1달란트 가진 자들에게는 무엇을 말하고 있는가? 묻어둔 1달란트를 땅에서 파내라! 땅속에 묻어둘 여유가 없다. 어서 가서 파내고, 흙을 털고, 깨끗하게 닦아라. 그리고 주인이 그것을 사용할 수 있도록 너는 순복해라.

나는 마지막 때에 이 땅 위에 어둠의 세력을 저항할 군대가 일어날 것임을 믿는다. 그들은 물을 것이다. "이 군대가 어디서 왔는가?" 그의 답은 이럴 것이다. "이 군대는 1달란트 가진 성도들이 자신의 달란트를 땅에서 파헤쳐 하나님 나라를 위해 주께 드린 부대다." 마지막 때의 전투는 이렇듯 1달란트 가진 용사들의 무리가 왕을 위해 그들의 모든 것을 드려 싸울 것이고, 이길 것이다.

오늘날 찬양 사역이 직면한 가장 큰 숙제는 5달란트, 2달란트, 1달란트 가진 모두가 연합하여 함께 걷는 것이다. 그리고 하나님의 영광이 이 땅 가운데 드러나도록 언약을 맺는 것이다. 시기는 우리의 이런 긴박감 넘치는 모험을 빼앗아가려 할 것이다. 그러나 우리는 잠깐이라도 그것에 굴복하지 않을 것이다. 우리는 이미 원수의 궤계를 알고 있다. 우리는 육신을 십자가에 못 박을 것이다. 마음의 문제들을 대면하고 성령의 능력으로 승리할 것이다.

지체가 모두 기능을 발휘하도록 풀어주는 것

교회의 지도자가 겪는 가장 어려운 문제 중 하나는 5달란트 가진 뮤지션들이 열의를 낼 수 있는 분위기를 만들면서 동시에 1달란트 가진 자들이 자신의 위치에서 의미 있게 참여할 수 있도록 하는 것이다. 어떻게 5달란트, 2달란트, 1달란트 가진 자들을 동시에 (영과 기술적인 면이 성장할 수 있도록) 풀어놓는가? 모든 성도들을 사역을 위해 훈련하고 준비시키려 한다면(전 4:12 참조), 우리는 의도적으로 이 질문에 답해야 한다. 이러한 상호작용을 찬양 사역이라는 예를 통해 그려내고 있지만, 재능에 관한 문제는 사실상 교회 사역의 모든 분야에 존재한다. 이런 원칙들을 다른 사역에 적용하는 것은 당신에게 달렸다.

내가 봤을 때 5달란트를 받은 데다가 동시에 경배자의 마음을 가진 음악을 전공한 친구가 이렇게 말한 적이 있다. "나는 탁월함을 추구하는 팀에 있고 싶어." 이것은 재능이 많은 이들의 공통된 생각이다. 또 다른 친구도 다른 5달란트 가진 뮤지션들과 함께 사역하는 것에서 성취감을 느낀다고 했다. 하지만 그는 "과거에도 배우고 연주할 기회가 주어졌었지만 그때는 지금과 같은 자신감이 없었어"라고 덧붙여 말했다. 5달란트 가진 자들도 어느 시점에는 시작을 해야 하는 것이다!

각자의 재능 수준은 관계 가운데 피할 수 없는, 정면으로 부딪혀야만 하는 갈등을 빚는다. 1달란트 가진 성도들을 준비시키고 훈련하는 데 주력하는 사역은 흔히 5달란트 가진 성도들에게는 너무 느린 나머지 참여하기 싫게 만든다. 그들에게는 지루하게 느껴진다. 그러나 5달란트 가진 성도들을 풀어놓는 데 집중된 사역은 1달란트 가진 자들에게 외면당하고, 그들을 무색하게 하고 열외당해 필요치 않은 존재인 것처럼 느껴지도록 만든다. 한마디로 그들은 따라갈 수가 없기 때문이다.

이 문제를 해결하기 위해 한 교회가 각각 다른 수준의 세 개의 찬양팀을 구성한 적이 있다. 가장 탁월한 뮤지션들이 있는 팀은 그들이 지루해 하지 않게 난이도가 높은 곡으로 더 열심히 연습하도록 도전했다. 두 번째 팀도 음악적 실력이 상당했지만 인원수가 너무 많아 따로 성가대가 있을 정도였다. 이 그룹은 자발적으로 흘러갈 수 있었지만 많은 연습이 필요했다. 세 번째 팀은 새로운 뮤지션들로 구성되어 찬양 사역의 기초 단계로 섬겼다. 모든 사람들이 이 팀에서 시작해 그들의 재능이나 은사가 나타나면 다른 팀으로 옮겨갔다. 이 팀의 음악은 단순했고, 준비한 것 외에는 연주하지 않았다. 세 팀 모두 사람들 앞에서 연주할 수 있는 기회가 주어지도록 교대로 섬기게 했다. 그리고 교제를 통해 나눔의 시간을 가짐으로써 세 팀 사이의 연합을 유지했다.

또 다른 방법은 최고의 재능 있는 자들을 포함한 찬양팀이 주축이 되어 매 주일 예배를 섬기도록 하는 것이다. 두 번째 찬양팀은 주된 찬양팀을 보조하며 첫 번째 찬양팀 인도자가 자리를 비울 경우 그 자리를 채웠다. 두 팀은 교대로 예배를 섬기지는 않았지만 두 번째 팀원들은 첫 번째 팀원들이 결석할 경우 대신 그 자리에 설 수 있었다. 두 번째 팀은 다양한 수준의 재능을 가진 자들의 훈련장으로 활용되었고, 팀원들은 교회 내에서 구역 모임이나 어린이 사역 또는 청소년부 사역이나 전도 사역 등 여러 사역에서 섬겼다.

캔자스시티의 국제기도의집(IHOP)은 이렇게 여러 수준의 재능을 가진 인재들을 동원하는 데 겪는 어려움을 보완하는, 새롭고 흥미로운 해결책을 찾았다. 7일 동안 24시간 내내 쉬지 않고 경배와 기도하는 형식을 만듦으로써 당장 주야로 섬기는 찬양팀이 필요하게 되었다. 그리고 이런 요구가 다양한 은사와 수준별 재능을 위한 새로운 장을 만들어냈다. 하나님의 전에서 7일 동안 24시간 내내 드리는 찬양경배의 형식은 뮤지션들의 음악

수준을 빠른 속도로 향상시키는 긍정적인 효과가 있었다. 그런 조건이 경배자들의 달란트를 향상시키는 안전한 환경이 되었던 것이다.

지도자들이 흔히 경험하는 것은 모든 수준의 재능을 수용하는 사역을 구상하는 것이 가능하다는 것이다. 그 비결 중 하나는 신약 시대 사역의 모델을 강조하는 데 있다. 자신의 재능과 영성을 성장시키고자 하는 의지와 열성이 있는 자들에게 대중 앞에 기회를 마련해 주는 것이다. 탁월함을 우리의 주 목적으로 만든다면 많은 이들이 외면당할 것이다. 그러나 부르심과 마음의 동기를 강조하면, 모두 함께 할 수 있는 환경이 만들어진다. 그다지 재능이 많지 않은 한 사역자가 예수님을 향한 불타는 열정으로 다른 사람들에게도 불을 붙임으로써 기대 이상으로 사역에 영향을 끼치는 것을 볼 때마다 나는 놀랍다.

지혜로운 목회자는 항상 5달란트 가진 뮤지션이 기량을 맘껏 발휘할 수 있는 방법을 찾는다. 그와 동시에 그들은 다른 자들을 훈련해야 하며 그들의 창의적인 역량을 발휘할 수 있는 방안을 마련해야 한다. 5달란트 가진 사람들이 그들의 기량을 마음껏 펼칠 수 있다면, 앞을 향해 나아가는 탄력으로 인해 다른 사람들이 쫓아올 수 있도록 길을 닦아주는 '풍동효과'(a wind-tunnel effect, 항공기나 그 밖의 기계 또는 어떤 물체의 모형이 공기 중에서 움직일 때 나타나는 영향이나 공기저항을 연구하기 위해 인공적으로 빠르고 강한 공기 흐름을 일으키는 장치를 풍동이라 한다-옮긴이)를 만들어낼 수 있다.

핵심은 바로 이것이다. 우리는 재능의 차이로 인해 발생하는 관계의 어려운 역학을 함께 걸어가며 해결하는 데 헌신해야 한다. 말씀은 우리에게 "사랑은 시기하지 아니하며"(고전 13:4)라고 말한다. 우리는 진실로 서로를 사랑하며 함께 걸어 나감으로써 시기로 인한 육적인 정욕에 큰 타격을 입힐 수 있다.

육체의 가시

찬양 사역은 교회 안에서 가장 강력한 사역 중 하나다. 하나님의 임재가 그분 앞에 서서 사역하는 기름부음 받은 레위 자손들에게 임했을 때 영적으로 일어나는 연쇄반응들은 매우 강력했고, 하나님께 쓰임 받는 자들을 내면 깊이 취하게 했다. 찬양 사역에 균형을 잡아주는 것이 없다면, 그것은 쉽게 자기중심성과 욕망으로 이끌려갈 것이다.

그러나 하나님은 찬양 사역에 균형을 잡아주는 지팡이를 주셨다. 나는 이것을 가리켜 '육체의 가시'라고 부른다. 그것은 팀 안에서 보여지는 재능의 차이다. 하나님은 주권적으로 그리고 목적을 갖고 이런 갈등들을 사역 체계 안에 설계해 놓으심으로써 우리가 양심적으로 우리 마음의 태도를 직면할 수 있게 하신다. 우리 안의 자비와 친절함을 시험하시고, 참을성을 시험하시고, 성실함을 시험하시고, 우리의 사랑을 시험하신다. 서로의 차이를 극복해야 한다는 사실이 우리를 하나님 앞에 겸손하고 의존적이게 만들고 그분께 기대게 한다. 바로 이것이 우리에게 다양한 재능을 주신 목적이다! 바로 이것이 우리의 안전장치이자 구원이다. 이것이 없이는 우리가 시편 기자들과 공존할 수 없을 것이다!

서로를 존중하라는 말씀의 권고는 모두에게 큰 도전이다. 1달란트 받은 성도가 5달란트 받은 성도에게 우선권을 주어 그들이 날아오를 수 있도록 자리를 내어준다면, 5달란트 가진 자들은 1달란트 가진 자들의 진정한 재능 없음을 강조할 것이다. 그리고 이것은 1달란트 가진 자들의 마음을 격렬히 시험할 것이다. 그렇다면 5달란트 가진 자들이 성과주의와 육신의 정욕대로 행하는 것을 비난할 것인가?

한편 5달란트 가진 자들이 한 걸음 물러나 1달란트 가진 자들에게 단상을 내어줌으로써 그들에게 우선권을 줄 때, 이것은 5달란트 가진 자들을 시험할 것이다. 왜냐하면 그들은 둘째 자리로 밀려나 있지만 시종일관 자신이 월등하다는 것을 알고 있기 때문이다. 그렇다면 그들은 1달란트 가진 자들의 시기를 비난할까?

성령님이 우리의 마음을 시험하시는 부분은 바로 이것이다. 우리는 서로를 사랑함으로 존중하는가?

팀의 스타

아들 마이클의 농구시합에 간 적이 있다. 마이클의 상대 팀에는 스타 선수가 한 명 있었다. 이 남자아이가 농구코트에 있을 때 그의 팀은 모든 점수를 휩쓸었다. 그가 벤치에 앉아 있을 때에는 마이클의 팀이 계속해서 역전시켰다. 하지만 그 역전은 오래가지 않았다. 왜냐하면 스타 선수가 코트로 돌아오자마자 그의 팀이 다시 선전했기 때문이다.

당신은 매 게임마다 내내 뛰면서 시합을 승리로 마무리하는 스타 선수의 편이 되어 벤치에 앉아 구경만 한 적이 있는가? 그 위치에 있는 당신은 그 스타 선수를 시기하거나 그 선수가 당신 편이라는 사실에 기뻐하거나 둘 중 하나를 선택할 수 있다.

나는 이제 시기와 관련된 부끄러운 경험을 하나 나누려고 한다. 아마도 내 친구들이 평생 이것을 가지고 나를 놀릴 것이라 생각하지만(물론 재미로 말이다), 핵심은 내가 만약 나의 시기를 고백하고 다른 이들이 나를 놀리도록 허용한다면 그것을 극복할 더 큰 은혜를 얻을 것이라는 사실이다. 그럼 이제 시작하겠다. 어느 날 기독교 잡지를 한 페이지씩 넘겨보고 있었는데 한 사람의 이름이 내 눈에 띄기 시작했다. 그 사람의 이름은 어떤 행사에 광고되었고, 유람선 여행기 칼럼에도 소개되었고, 이러이러한 책을 썼다는 등의 소개글 등 어러 페이지를 장식했다. 그리고 베스트셀러 항목에 그의 이름이 가장 위에 적혀 있었다. 그 이름은 맥스 루케이도(Max Lucado)였다. 나는 그와 한 방에 있어본 적도 없고 만난 본 적도 없다. 그래서 나는 잠시 멈춰서 생각했다. 이 사람이 왜 이렇게 거슬릴까? 그를 한 번도 만난 적이 없지만, 왠지 거슬렸다. 그리고 마침 그 순간에 성령님이 내 마음에 이렇게 속삭였다, '시기.' 갑자기 내가 맥스 루케이도를 시기하고 있는 것을 보게 되었다. 그런데 왜일까? 내 이름이 아닌 그의 이름이 베스트셀러에 올랐기 때문이다!

물론 나는 그 자리에서 회개했다. 맥스 루케이도가 문제가 아니었다. 문제는 내 마음에 있었다. 그리고 그다음 달에 잡지를 읽을 때마다 나는 '시기'와 대면할 새로운 기회들을 계속해 접한다는 것을 알게 되었다. 왜냐하면 누군가는 그 달의 베스트셀러 작가로 선정되기 때문이다.

나는 비로소 누군가는 반드시 나보다 재능이 뛰어나리라는 사실을 깨달았다. 그러니 차라리 이 문제를 대면하고 처리하는 데 익숙해져야겠다.

나보다 더 재능이 있거나 기름부음이 충만한 사람들에 대해 주님께서 내게 이렇게 말씀하셔야 했을 때가 몇 번 있었다. "왜 그들이 너의 편에 있다는 사실만으로 그냥 기뻐할 수 없느냐?" 그래서 주님의 은혜로 나는 그렇게 마음먹기로 결심했다.

5달란트 가진 자는 자신의 능력을 의지하는 함정에 빠지기 쉽다. 그들은 다른 사람의 도움이 필요하지 않고 스스로 충분히 할 수 있다고 느끼기 시작한다. 그리고 심지어 목적을 추구하는 과정에서 다른 이들을 밟고 지나갈 때도 있다. 당신이 만약 다윗의 마음을 가진 5달란트 받은 자라면, 하나님이 당신에게 사울을 붙여 당신을 훈련하실 수도 있다. 당신이 주님께 능숙하게 하프를 연주할 때 사울은 당신의 심장을 관통할 창을 겨누고 있을 것이다. 사울은 하나님께서 다윗을 놀랍게 기름부어 사용하시는 동안 겸손을 유지하는 도구로 다윗에게 붙여주신 선물과 같은 존재였다.

나는 가장 탁월한 뮤지션들이 기름부음 받음이 거의 없는 가운데 사역하는 것을 목격한 적이 몇 번 있다. 왜냐하면 그들은 하나님 안에 깊이 들어가는 것 대신 음악성에 초점을 두기 때문이다. 화려한 불꽃은 있었지만 기름은 많지 않았다. 많은 사람들이 속고 있다. 하지만 분별력 있는 자들은 그 차이를 안다. 5달란트 가진 자들에게 그분의 은혜와 기름부으심 없이는 그들이 아무것도 아니라는 사실을 하나님께서 가르치시는 방식이 있다. 이 교훈을 깨닫는 과정은 매우 고통스럽다.

예수님께 배우다

예수님이 5달란트 가진 분이라는 사실을 논쟁할 사람은 아무도 없을 것이다. 아니, 5달란트 이상을 가지신 분이다. 그런 예수님이 다양한 수준의 능력과 재능을 가진 제자들과 어떻게 교류하셨을 것이라고 생각하는가?

가장 먼저, 예수님은 그의 권한에서 옆으로 물러나 있거나 제자들에게 맡기지 않으셨다. 그는 "요한, 오늘은 네가 가르칠 차례다. 나는 옆에서 지켜보마"라고 하지 않으셨다. 그리고 그는 "베드로, 오늘은 네가 사람들을 치유할 차례다. 난 저쪽에 가서 앉아 지켜보겠다"라고 하지도 않으셨다. 다시 말해, 그분은 자신의 부르심을 뒷전으로 하고 다른 이들을 위한 자리를 무리해서 만들지 않으셨다. 그는 제자들을 곁으로 불러 지켜보게 하셨다. 그리고 그들은 예수님의 임재 가운데 변화되었다.

일찍부터 열두 제자들은 선택을 해야 했다. 예수님의 존재에 의해 위축되거나 아니면 그분께 마음이 사로잡혀 그분의 존재를 즐기며 곁에서 배우거나 둘 중 하나를 선택해야 했다. 비록 예수님이 그들보다 은사가 위대했지만, 그들은 시기하기보다 그분의 그림자 아래 걸어 나가는 기쁨을 목적으로 하였다.

예수님이 새로운 사역을 일으키실 때마다 그 안에 일반적인 패턴이 있는 것을 본다. 그분은 가르치고 본을 보이셨다. 그리고 그분이 행하신 것을 행하도록 두 명씩 짝을 지어 파송하셨다. 그동안 예수님은 자신만의 사역을 하셨다. 그후 그분은 파송된 자들로부터 보고를 받고, 피드백을 통해 고칠 점 등을 알려주셨다. 그렇게 하신 후 제자들을 곁에 두시고 다시 한 번 보고 배우라고 하셨다. 이런 가르침을 반복하셨다. 마지막에 작별의 시간이 왔다. 예수님이 제자들 곁을 떠나실 때 그들은 이미 독립적으로 사역할 수 있도록 준비된 상태였다.

시기와 관련해 예수님의 생애를 보며 배운 또 다른 중요한 원리들이 있다. 다음 성경구절을 살펴보자.

35세베대의 아들 야고보와 요한이 주께 나아와 여짜오되 선생님이여 무엇이든지 우리의 구하는 바를 우리에게 하여주시기를 원하옵나이다 36이르시되 너희에게 무엇을 하여주기를 원하느냐 37여짜오되 주의 영광 중에서 우리를 하나는 주의 우편에, 하나는 좌편에 앉게 하여 주옵소서 38예수께서 가라사대 너희 구하는 것을 너희가 알지 못하는도다 너희가 나의 마시는 잔을 마시며 나의 받는 세례를 받을 수 있느냐 ³⁹저희가 말하되 할 수 나이다 예수께서 이르시되 너희가 나의 마시는 잔을 마시며 나의 받는 세례를 받으려니와 ⁴⁰내 좌우편에 앉는 것은 나의 줄 것이 이니라 누구를 위하여 예비되었든지 그들이 얻을 것이니라 ⁴¹열 제자가 듣고 야고보와 요한에 대하여 분히 여기거늘 ⁴²예수께서 불러다가 이르시되 이방인의 소위 집권자들이 저희를 임의로 주관하고 그 대인들이 저희에게 권세를 부리는 줄을 너희가 알거니와 ⁴³너희 중에는 그렇지 아니하니 너희 중에 누구든지 크고자 하는 자는 너희를 섬기는 자가 되고 ⁴⁴너희 중에 누구든지 으뜸이 되고자 하는 자는 모든 사람의 종이 되어야 하리라 ⁴⁵인자의 온 것은 섬김을 받으려 함이 아니라 도리어 섬기려 하고 자기 목숨을 많은 사람의 대속물로 주려 함이니라. (막 10:35-45)

야고보와 요한은 예수님의 보좌 옆 특별한 자리를 원했다. 다른 열 명의 제자들이 이 이야기를 들었을 때 그들은 굉장히 '화를 냈다.' 왜일까? 시기 때문이다. 야고보와 요한의 이 요청으로 인해 모든 시기심이 수면에 오른 것을 보시고, 예수님은 제자들을 모두 불러 직접 이 문제를 다루셨다.

예수님은 그들의 시기를 어떻게 다루셨는가? 나는 그분이 이 어둡고, 악하고, 교묘한 죄악을 대형 쇠망치를 꺼내 과격하게 다루시리라 기대했다. 하지만 여기에 매우 중요한 원칙이 있다. 예수님은 시기를 온유함으로 다루심으로써 고치셨다.

그분의 대답에 온유함이 보이는가? 이 부분은 내게 많은 것을 가르친다. 이것을 통해 나는 찬양 사역 안에서 일어나는 시기를 볼 때 (다른 사역들과 마찬가지로) 즉각적으로 그리고 성실함으로 다루어야 한다는 것을 알았지만, 더욱이 '온유함'으로 해야 한다는 것을 깨달았다. 시기심을 다룰 때 온유함을 통해 그것을 십자가에 못 박는 삶으로 인도해야 한다.

우리 서로가 겸손해지고 서로를 섬기기를 원한다. 부드러운 심령을 유지하고 그분의 자비를 항상 구해야 할 것이다. 교만과 욕망은 그분의 임재함 안에서 온유하게 질책할 때 모두 고개를 숙일 것이다.

달란트를 넘어서

나는 하나님께서 달란트를 주신 것에 감사드린다. 그러나 달란트를 넘어서는 또 다른 영역이 있다. 이 영역을 언급하지 않는다면 이 장은 완전하지 못할 것이다. 단순히 우리의 은사나 재능의 수준을 초월해 사역의 질을 좌우하는 하나님의 은혜의 영역이 있다. 이것은 물론 좋은 소식이다! 한 예를 들어보겠다.

5달란트 가진 요셉에서 시작해 보자. 요셉은 많은 재능을 가진, 못하는 것이 없는 자였다. 보디발은 그의 집의 모든 행정을 요셉이 맡도록 하였다. 왜냐하면 요셉의 손이 닿는 모든 것을 하나님이 축복하셨기 때문이다. 그는 온갖 업무를 기품과 천부적인 재능으로 누구도 따라오지 못하게 완벽하게 처리해 나갔다. 그는 자신의 5달란트로 보디발의 집을 경영해 나갈 수 있었다(창 39장 참조).

그러나 하나님은 요셉을 위해 한 가정이 아니라 훨씬 더 큰 것을 예비해 두셨다. 그분은 요셉이 다스릴 한 나라를 예비해 두셨다. 그렇지만 하나님께서는 요셉이 한 나라를 효과적으로 이끌어가기 위해서는 그의 선천적인 달란트보다 더 깊은 곳으로 나아가 그의 내면에 있는 원천을 찾아야 한다는 것을 아셨다. 요셉이 그 영역을 찾을 수 있도록 그를 옥에 가두셨다. 감옥은 열심히 갈고 닦은 많은 재능과 은사가 소용이 없는 곳이다. 애굽의 축축하고 어두운 지하 감옥에서 고독하게 갇혀버린 요셉이 무엇과도 비교할 수 없는 절망감으로 하나님께 울부짖는 모습을 상상할 수 있다. "하나님, 어째서 이런 일이 일어나도록 허락하셨습니까? 당신의 언약은 제 삶 가운데 유효하지 않습니까? 저는 순종하며 당신을 사랑했을 뿐입니다. 그리고 저는 여기에 있을 만한 아무 일도 한 적이 없습니다! 하나님, 어디 계십니까? 제게 대답해 주시지 않는다면, 저는 여기서 죽겠습니다!"

　절망감으로 인해 요셉은 평생 경험할 수 없었던 깊이로 하나님의 영 안으로 들어가게 된다. 그는 감옥에서 쌓인 무기력함을 엄청난 갈급함으로 바꾸어 하나님의 영을 만나는 기회로 삼았다. 그는 하나님 안에 더욱 깊이, 더욱 깊이, 더욱 깊이 뿌리를 내렸다. 그리고 어느 날 그는 강을 찾았다! 하나님의 영 안에 거하는 강을 찾았다. 그는 삶의 고난의 깊이보다 더 깊은 하나님의 근원을 발견했다. 하나님 안에서 그 근원을 찾았기에 바로가 꿈을 꾸었을 때 그 생명의 강이 요셉으로 하여금 바로 왕의 꿈을 해석할 수 있게 했다. 영적으로 깊은 곳에 다다를 수 있는 그의 능력이 그를 감옥으로부터 해방시켰다.

　단 하루 만에 요셉은 감옥에서 궁전으로 자리를 옮겼다. 그리고 이제 요셉의 고민은 한 집안을 먹일 것인가 아니면 한 나라의 백성들을 먹일 것인가가 되었다. 한 나라를 위한 목회자, 요셉과 같은 자가 되려거든 단지 재능을 넘어선 하나님 안에 있는 근원을 찾아야 할 것이다. 재능과 은사 모두 중요하지만, 그것이 곧바로 우리에게 힘을 주지는 못한다. 그러나 이제 당신은 생명의 강을 찾았으니, 열방에 생명을 풀어놓는 자가 될 것이다.

　그리고 안나가 있다(눅 2:36-38 참조). 나는 그를 1달란트의 안나라고 부른다. 성경 어디에도 안나에게 특별한 재능이나 능력이 있었다고 언급하지 않는다. 그는 시장성 있는 기술을 가지지 못했지만 할 줄 아는 것이 하나 있었다. 그는 좋은 아내이자 어머니가 될 수 있었다. 그러나 7년의 결혼생활 후에 하나님은 그의 남편을 데려가셨다. 이 재앙은 안나를 휘청하게 했다. "하나님, 어떻게 저의 눈의 빛을 가져가실 수 있습니까? 어떻게 내 삶의 전부인 유일한 비전을 빼앗아가실 수 있습니까? 당신은 내가 할 수 있는 단 한 가지를 내게서 가져가셨습니다."

그 비통한 순간에 안나는 선택을 해야 했다. 하나님을 향해 쓴 뿌리를 키우거나, 하나님 안으로 더 깊이 들어가는 것이었다. 안나는 후자를 선택함으로써 하나님을 전심으로 찾기 시작했다. "하나님, 당신이 나의 삶을 황폐케 하신 이유는 잘 모릅니다. 내 삶 가운데 당신의 선하심이 보이지 않습니다. 그러나 나는 당신이 선하시다는 것을 선포하며 당신의 선하심을 볼 수 있을 때까지 찾을 것입니다. 나는 당신이 사랑의 하나님이심을 선포합니다. 지금 이 순간 당신의 사랑을 느낄 수 없을지라도 당신이 사랑의 하나님이심을 나는 압니다. 그러므로 내 삶 가운데 그 사랑이 보일 때까지 찾을 것입니다." 그리고 안나는 전례를 깨뜨리고 하나님의 영 안 깊이 뚫고 들어가기 시작했다.

그러던 어느 날 그는 음성을 들었다. "금식과 기도? 주야로? 네, 주님, 말씀하신다면." 그는 불을 일곱 배 더 뜨겁게 태우고 기도하고 금식하며 주야로 주님께 나아갔다.

일 년 후 다시 음성이 들렸다. "메시야? 오 주님, 메시야라니!" 하나님은 메시야가 곧 태어날 것이라고 그에게 말씀하셨다. 그리고 그의 중보가 메시야가 오시는 길을 준비하는 매우 핵심적인 역할을 수행하고 있다고 말씀하셨다. 이렇게 자신의 사명이 위중한 것을 깨닫고 그는 메시야를 위해 더욱 열심히 중보하며 매진했다. 그리고 기도응답을 받는 그 날이 찾아왔다! 안나의 중보로 인해 메시야가 이 땅에 오셨다고 해도 과언이 아니라고 나는 믿는다.

안나는 쓴 뿌리의 희생양이 될 뻔했던 1달란트를 가진 여인이었다. 그러나 그는 하나님의 얼굴을 구하는 데 온 힘을 쏟았고, 주님은 열매 맺을 수 없는 그녀를 변화시켜 열매 맺을 수 있게 하셨다. 오늘날 그녀는 믿음의 가족 안에서 영적 어머니와 같은 존재가 되었다. 하나님이 자신의 1달란트마저 땅에 묻었다고 생각했지만 실제로는 하나님께서 그것을 초월하는 새로운 영역으로 그녀를 초대하고 계셨던 것이다.

5달란트건 2달란트건 1달란트건 하나님이 달란트를 주신 것에 감사하라. 그리고 그 달란트를 온전히 사용하도록 최선을 다해 연마하라. 그러나 주님이 더 높은 차원으로 부르신다면, 그동안 경험해 보지 못한 절박함으로 그분의 얼굴을 구하며 그분께 모든 것을 맡겨라. "만군의 여호와께서 이르시되 힘으로 되지 아니하며 능력으로 되지 아니하고 오직 나의 영으로"(슥 4:6) 되는 그 새로운 영역으로 인도하실 것이다.

Chapter 5
부흥이 지체되는 이유

시기심은 성경적 부흥의 가장 막강한 걸림돌일까?

하나님께서 부흥의 능력과 영광으로 나타나실 때마다 시기 또한 변함없이 등장한다. 예수님이 이 땅에서 사역하실 때도 나타났고, 그분의 사도들이 열방으로 복음을 전파할 때도 나타났다. 특별히 이 장에서는 바울의 선교여행 기간 동안 노골적으로 시기가 드러났던 사건들을 살펴봄으로써 시기를 흥미롭게 살펴보고자 한다.

- 시기가 처음으로 명확하게 드러난 것은 바보섬에서였다. 마술사 엘루마는 바울의 삶 가운데 있는 권세를 두려워하고 시기하여 바울을 대적하며 총독이 그를 믿지 못하도록 애를 썼다(행 13:6-8 참조).
- 비시디아 안디옥에서(행 13:14-50 참조) 바울은 안식일에 회당

에서 복음을 전했다. 유대인들의 마음은 좀처럼 움직이지 않았다. 그러나 이방인들은 바울과 바나바에게 돌아오는 안식일에 다시 와서 설교해 달라고 요청했다. 그들의 요청대로 했을 때, "그다음 안식일에는 온 성이 거의 다 하나님 말씀을 듣고자 하여"(44절) 모였다!

이것이 어떤 일을 초래했는지 짐작할 수 있겠는가! 큰 무리가 사도들 주위에 모여드는 것을 보고 유대인들 사이에는 엄청난 시기가 일어났다. 즉시 그들은 복음을 반박하며 모독하고 반대했다. 그리하여 바울과 바나바는 회당에서 나와 다른 장소에서 이방인들에게 복음을 전파했다. 하지만 그것으로 유대인들의 시기심이 누그러지지는 않았다. 그들은 "경건한 귀부인들과 그 성 내 유력자들을 선동하여 바울과 바나바를 핍박케 하여 그 지경에서 쫓아"(50절)내었다.

- 이고니온에서도 유대인들이 복음을 믿지 못하도록 비슷한 방법들을 사용했다. 그러나 그것은 성공하지 못했고, 그들이 사도들을 돌로 쳐 죽일 음모를 꾀하는 것을 알고 사도들은 루스드라와 더베 근방으로 피신했다(행 14:1-6 참조).
- 루스드라에서는 복음전파 사역이 강력하게 역사했을 때 시기로 가득한 유대인들이 안디옥과 이고니온에서 루스드라까지 찾아와 사도들을 대적해 돌로 치도록 무리를 설득하고

선동했다(행 14:8-20 참조). 그러나 하나님께서는 바울을 다시 죽음에서 살리셨다.
- 데살로니가에서 큰 무리의 이방인들이 믿었을 때, 유대인들은 시기하며 사도들을 죽이고자 폭도들을 모았다(행 17:1 참조).
- 베뢰아에서는 유대인과 이방인 모두 주 앞에 나오는데, 유대인들이 데살로니가에서 베뢰아의 부흥 소식을 접할 때까지 모두 순조로웠다. 그들은 시기에 가득 차 베뢰아로 와서 무리를 충동질하고 사도들을 강제로 떠나게 했다(행 17:10-15 참조).
- 고린도에서는 시기하는 세력이 악을 발하지 않도록 주님께서 은혜로 막아주셨다. 이로 인해 바울은 고린도에서 예외적으로 복음의 문을 열 수 있었다. 그는 18개월 동안 그곳에 머물며 사역의 열매를 맺었다. 결국 믿지 않는 유대인들이 바울을 시기하여 대적하며 그를 법정으로 데려가려 했을 때(행 18:12 참조), 그들의 음모가 드러나 바울은 "더 여러 날"(행 18:18) 머물 수 있었다.

시기가 발단이 된 모든 핍박은 부흥의 직접적인 결과물이다. 하나님이 움직이시기 시작할 때, 복음의 원수들은 (때로 전통에 얽

매이거나 종교체계에 의해) 온갖 방법을 동원해 자신들의 시기를 정당화하며 성령의 역사를 방해한다.

복음의 원수들이 시기하며 저항하는 데 대한 우리의 대응은 하나님 나라에 들어가기 위해 지불하는 '기본요금'이다. 우리가 견뎌야 할 예수님이 약속하신 핍박의 일부이며 우리의 지분이자 이 영역의 법칙이다. 하지만 부흥이 일어날 때 시기하는 자들은 복음의 원수들만이 아니다. 하나님이 그의 백성들을 만나주실 때, 때때로 복음 전파자들의 마음 안에 가장 은밀한 형태로 시기가 자란다.

우리는 원수가 대적하며 시기하는 것에는 준비되어 있으나 그것이 가까운 지체들로부터 오는 것에는 준비되어 있지 않다. 나는 부흥의 가장 큰 문제가 교회 밖에서 오는 것이 아니라 교회 안에서 발생한다는 것을 말하고 싶다. 하나님의 백성 가운데 있는 시기가 바로 부흥의 가장 큰 걸림돌이 된다는 사실을.

교회 안에 있는 시기

엄청난 문제가 여기에 있다! 부흥이 경건의 모양은 있지만 경건의 능력을 부인하는 진보주의적·인본주의적 사상을 가진 사이비나 이단 교회에서 비롯된 시기로부터 방해를 받는 것이 아니라는 사실이다. 역사적으로 살펴볼 때 부흥의 가장 큰 방해물은 진정으로 거듭나고, 성령 충만하며, 말씀을 신뢰하고, 보혈에 씻음 받은 그리스도인들의 마음에서부터 싹텄다. 그들은 부흥을 강 건너 불구경하듯 보며 형제의 사역에 하나님의 축복이 임한 것을 시기했다.

나는 시기가 부흥의 유일한 장애물이라고 말하는 것이 아니다(이 외에도 정말 많다). 그러나 그리스도의 지체 안에서 불화가 부흥의 주된 걸림돌 중 하나라면, 불화의 가장 유력한 원인으로 시기 말고 무엇이 있겠는가? 더욱이 시기의 문제는 일반 성도들보다 지도자들 사이에 흔히 드러나는 주된 원인이다. 목자들이 서로 화합한다면 양들은 저절로 기쁜 마음으로 교제를 나누게 되어 있다. 부흥이 올 때, 양들이 아니라 한 형제인 목자들이 서로를 시기한다.

말 그대로 교회사에서 모든 세기 동안 부흥의 바람이 특정 지역에서 불 때면 하나님의 백성들 가운데 시기가 폭발하여 넘쳐났다. 예를 들면, 20세기 초 하나님께서 존 레이크(John G. Lake)의 치유 사역을 사용하여 많은 이들을 하나님 나라로 돌아오게 하셨다. 그러나 부흥이 일어나는 그곳에는 언제나 시기가 있었다. 존 레이크가 1910년 12월 15일 남아프리카공화국에서 사역하는 동안 직접 쓴 편지를 읽어보자.

오늘 캘리포니아 주 로스앤젤레스에서 온 우편물을 받았는데, 그곳의 거짓 형제들로부터 온 편지였습니다. 이 편지는 저를 악하고 불경스러운 자라고 맹렬히 비난하는 내용으로 전 세계로 보내졌습니다. 또한 조지 보위(George Bowie)라고 하는 교회 사역자로 보이는 자로부터 가장 끔찍한 편지를 한 통 받았는데, 그는 시기와 질투에 사로잡혀 있습니다. 이것은 미국에 있는 저와 가장 가까운 형제들의 확신에 찬 의견입니다. 쿠퍼, 보워, 길리스 등 다른 이들이 저를 향해 이런 끔찍하고 악한 시기를 하고 있는 줄은 꿈에도 몰랐습니다.[1]

레이크를 비방한 자들은 자신들 안에 시기가 있다는 것을 깨닫지 못한 것으로 보인다. 그들은 레이크의 사역을 대적하는 것이 정당하고 하나님을 위해 고결하게 섬기는 것이라고 확신한 것 같다. 물론 이것은 시기에 대한 위장술의 위력이다.

시기는 예수님을 살해했다. 그리고 오늘날에도 그분을 죽이고 있다.

최근 조지아 주의 애틀랜타를 방문했는데, 그곳에는 매주 3천여 명의 성도들이 출석하는 60여 개의 교회가 있었다. 나는 애틀랜타의 한 목사로부터 "3천 명 이상 동원하지 못하면 명함도 못

내밀어요" 하는 말을 들었다. 우리의 교회 문화에서는 가장 많은 인적 자원을 가진 자가 가장 큰 영향력을 행사한다. 이렇듯 권력과 권세가 있는 곳이 시기가 잘 자라는 토양이 되는 것이다.

부흥이 일어날 때면 전형적으로 두 가지가 크게 모이기 시작한다. 바로 사람과 돈이다. 전에 볼 수 없었던 수의 사람들이 모여들고, 그와 함께 받은 은혜에 감사하여 헌금이 따라온다. 하나님의 운행하심으로 인해 갑작스럽게 성도가 늘어나고 재정적 축복을 받게 될 때, 같은 영역에서 사역하는 자들과 모든 형제들은 즉각 주목한다. 고결한 마음을 가진 자들은 당신의 부흥을 축복할 수 있지만, 부흥을 위해 오직 한 사람이 선택될 때 조금이라도 시기의 감정을 느끼지 않는 사람은 없다.

우리 시대 하나의 사례

조(Joe)라는 친구와 이야기를 나눈 적이 있다. 그의 도시에서 일어난 부흥에 관한 이야기였다. 그는 부흥이 일어나기 전부터 그 지역에 살았다. 그래서 그 부흥이 일어난 교회의 성도는 아니었지만 폭발적으로 일어나는 부흥의 시작과 끝을 지켜볼 수 있었다. 부흥이 일어나기 시작할 때 그 소식은 재빠르게 퍼져나가 그 도시의 400여 개의 교회가 알게 되었다. 그 지역의 많은 교회 성도들이 하나님의 역사하심이 나타난다는 소식을 듣고 그 교회의 예배에 참석하기 시작했다.

그리고 어쩌면 불가피한 일이 일어나기 시작했다. 그 지역의 많은 성도들이 그들의 교회를 떠나 부흥이 일어난 교회로 옮겨 갔다. 그 지역의 거의 모든 교회가 부흥으로 인해 성도를 잃었다. 목회자들은 화가 났고 상처를 받았다. 조에 의하면, 그 목회자들은 많은 비난을 했고 해당 부흥 집회에는 단 한 번도 참석해 보지 않았다고 한다. 또 어떤 목회자들은 성도들이 떠나는 것을 막고자 하는 마음으로 부흥에 강경하게 대응하기도 했다. 각 교회의 목회자들은 어쩔 수 없이 이 부흥에 대해 자신의 분명한 태도를 취해야 했다. 대부분의 경우 부흥에 대한 처음 반응이 계속 유지되었다.

부흥이 일어난 해당 교회의 담임목사는 자신의 부사역자들과 함께 힘이 닿는 한 최선을 다해 온전하게 사역을 하겠다며 그 지역의 동료 목회자들을 안심시키려 했다. 그들은 교회를 옮겨 온 성도들에게 원래 섬기던 교회로 돌아가라고 당부하고 그들의 헌금 역시 본래 섬기던 교회에 드려야 한다고 설명했다. 그리고 그리스도를 위해 내린 이런 결정을 문서화하고, 그것을 다른 교회 목회자들이 직접 확인하는 것을 주저 않고 반겼다. 간단히 말해,

주최 측 목회자는 부흥이 한 개의 지역 교회에서 그치지 않고 지역적 범위의 부흥이 일어나도록 하기 위해 최선을 다했다. 그러나 그의 노력은 시기를 누그러뜨릴 수 없었다.

게다가 그 지역 뉴스 미디어조차 부흥에 반대하는 입장을 취했기에 해당 매체의 구성원들이 그들이 출석하던 교회의 분위기(시기심)에 영향을 받지 않았는지 의심스럽다.

하나님과 무슨 상관일까?

하나님은 당신이 사는 도시에 부흥을 일으키기 원하신다! 그러나 문제는 그분이 부흥의 촉매제로 어떤 사역이나 교회를 선택하실 때 어김없이 그 지역의 형제들이 시기로 인해 내적 싸움을 한다는 것이다. 몇몇 형제들(지역 목회자 또는 지도자)은 육신의 마음을 십자가에 못 박고 열정으로 부흥에 동참함으로써 시기를 극복할 수 있을지 모른다. 그러나 많은 지체들이 시기를 분별할 능력이 없고, 그것을 어떻게 다뤄야 할지도 모른다. 아마도 그들은 현재 일어나는 부흥이 참된 부흥이 아니라는 비판을 정당화할 방법들을 찾을 것이다. 그렇게 하나님이 한 지역을 축복하시려고 의도한 것이 갈등과 다툼의 원인이 되어버리는 것이다.

하나님은 이런 사면초가(四面楚歌)의 상황과 대립하시게 된다. 부흥이 일어나지 않으면 하나님 나라가 이 세상에 침투하지 못히고 미지믹 때에 추수를 하지 못한다. 그러나 부흥을 허락하면 교회 안에 시기가 넘쳐나 교회를 파괴하고 하나님 나라를 확장하는 데 역효과를 낳아 축복을 저주로 만들어버린다. 시기 때문에 축복의 통로인 부흥이 "악한 것"(약 3:16) 의 근원이 되어버린다.

그러므로 하나님께서는 부흥을 허락하시기 전에 먼저 시기에 대해 고려하셔야 한다. 그 지역의 지도자들이 마음 가운데 있는 시기와 직면했을 때 어떻게 반응했는가? 그들이 마음의 습성, 비교, 욕망으로 가득한 이기심을 보고 회개와 겸손, 깨어짐을 수용했다면 하나님께서 그 지역에 영광과 능력으로 방문하실 수 있다. 그러나 미묘한 경쟁심에 대해 통회자복하는 회개가 없다면 하나님은 부흥을 보류하실 수밖에 없다. 왜냐하면 시기가 난무함에 따른 손실이 부흥으로 인한 이득보다 크기 때문이다.

한 지역에서 부흥을 유지하는 비결은 해당 지역의 교회 간 연합이다. 연합의 가장 큰 장애물은 시기심이다. 지도자들이 십자가 앞에 그들의 시기심을 내려놓고자 하지 않을 때, 하나님의 축복은 결국 소멸된다.

나는 부흥에 관련한 매우 흥미로운 현상을 관찰했다. 하나님께서 이 땅의 한 교회에 부흥의 모양으로 방문하실 때, 타 지역에서부터 사람들이 몰려온다. 다른 주에서 오거나 혹은 다른 나라에서도 하나님의 축복의 흐름에 젖고자 몰려온다. 모두가 부흥이 일어난 곳을 향해 온다. 같은 도시의 형제들을 제외하고. 왜냐하면 시기는 언제나 형제들 사이의 문제이기 때문이다.

사도들은 부흥을 맞이할 준비가 되었는지에 대한 시험인지 알지 못한 채 시험에 직면했다. 그것은 가룟 유다의 자리를 놓고 대신할 자를 선출하는 시험이었다. 리더십이 교체될 때는 시기로 인해 매우 민감한 순간이 된다. 결국 두 명으로 좁혀졌다. "바사바라고도 하고 별명은 유스도라고 하는 요셉이요 하나는 맛디아라"(행 1:23).

열두 번째 사도를 선출하는 것은 결코 사소한 일이 아니었다. 그 결과는 엄청나고 영원한 것이었다. 그리고 제비뽑기로 결정되었다. 맛디아가 제비뽑기를 통해 선택되었을 때, 그 때가 엄청난 시험의 때였다. 요셉과 그를 지지한 자들이 시기했는가? 맛디아가 받은 총애가 알력과 불화를 가져오는 계기가 되게 놔두었는가? 감사하게도 요셉과 그의 지지자들은 시기에 굴복하지 않았다. 대신 그들은 맛디아와 다른 이들과 함께 하나님 나라의 더 위대한 목적을 위해 마음을 합했다. 그리고 성경에 나와 있기를, "오순절 날이 이미 이르매 저희가 다 같이 한곳에 모였더니"(행 2:1), 다 같이 한곳에 모였다!

시기의 쓴 뿌리와 불화에 굴하지 않고 합심하는 이 연합이 얼마나 아름다운가! 이와 같은 연합이야말로 기필코 하나님께서 존귀하게 여기시며 성령님을 보내 영광과 능력을 나타내시는 모임이다.

사랑하는 자들이여, 내 마음은 사도적 부흥을 갈망하여 울부짖는 이 시대에 하나님의 영광과 능력이 나타나심을 목격하기 원한다! 이것이 내가 사는 이유다. 말씀이 권세로 선포되는 것을 보고, 눈 먼 자가 보고, 귀먹은 자가 듣게 되고, 앉은 자가 일어나 걷고, 죽은 자가 다시 살아나며, 참된 구원을 찾는 간절한 마음을 가진 자들이 경기장을 가득 메우고, 하나님을 위해 진동하는 도시들을 보기 원한다! 우리의 소망은 앞서 언급한 성경말씀과 같이 하나님이 능력으로 역사적인 규모의 대 부흥을 일으키시는 것이다. 그리고 마지막 때, 예수님이 다시 오시기 전에 위대한 추수가 일어나는 것이다.

그러나 부흥에는 큰 적이 있다. 시기심보다 강력한 부흥의 장애물이 또 있을까?

반대로 시기로 인한 분리를 모두 녹여버렸을 때, 부흥에 그보다 큰 기여 인자가 있을까? 한 지역사회의 형제들이 각자 그들의 시기를 빛 가운데 드러내고, 자유롭게 고백하며 회개하고, 하나님께서 누구를 선택하시든 그분의 나라의 확장을 위해 기뻐하며 마음의 자세를 바꿀 때, 그들은 부흥을 위한 최상의 대상이 된다.

시기의 문제에 직면해 부흥에 합당한 세대를 살펴본다면, 그들은 시기로부터 숨지 않을 것이며, 그것을 달리 부르지 않을 것이고, 그 거짓 열성을 정당화하지 않을 것이다. 또 그들은 수치심으로 인해 고해를 꺼리지 않을 것이다. 그리고 그들은 순수하게 단도직입적으로 고백하기를, "나는 시기심의 문제를 갖고 있습니다. 주 예수님, 용서해 주십시오! 저를 씻어주십시오. 내 형제의 성공을 기뻐하지 못하는 내 마음의 이기적인 욕망의 뿌리를 뽑아주십시오. 순결한 마음을 주시옵소서. 기도합니다, 오 하나님" 할 것이다. 이렇듯 빛 가운데 걸어가는 이 세대는 부흥을 맞이할 준비가 되어 있을 것이다.

우리의 세대가 그런 세대가 될까?

우리 마음의 시기를 다룰 때 우리는 무엇을 해야 할까? 이 질문에 답하기 위해 이제 더 집중해 보자.

Note

1. John G. Lake, *The Complete Collection of His Life Teachings*, comp. Roberts Liardon (Tulsa, OK: Albury Publishing, 1999), pp. 97, 99.

Chapter 6
십자가: 시기의 죽음

하나님께서 시기심을 다루실 때 먼저 그 대상을 십자가에 못 박는다.
예수님이 바로 첫 번째 사례다.

하나님께서는 십자가에서 시기를 다루신다.
이것은 육체의 일로서, 마땅히 쫓아내고 죽어야 하는 것이다. 우리는 그리스도와 함께 십자가에 못 박혔다(갈 2:20 참조). 그것은 육체가 죽은 것같이 살 수 있는 능력이 이제 우리에게 있다는 의미다. 그리고 육체가 살아나려고 할 때마다 우리는 또 다시 "자신을 죄에 대하여는 죽은 자"로서 그리고 "그리스도 예수 안에서 하나님에 대하여는 산 자"(롬 6:11) 로 여겨야 한다. 십자가는 모든 육체의 일에 대한 해답이다. 육체가 십자가에 못 박힐 때, 그것은 죄에 대해 죽은 것이다. 그러므로 우리가 회개하며 십자가에 못 박힌 삶을 수용할 때, 우리는 날마다 죽는다(고전 15:31 참조). 그리하여 시기와 같은 죄악은 우리에게 권세가 없다.

그러나 십자가는 시기를 또 다른 방법으로 다룬다. 예수님의 십자가는 형제들에게 시기를 극복할 수 있는 능력을 주는 수단이 되었다. 예수님이 십자가에 못 박힌 순간까지도 예수님의 네 명의 이부(異父) 형제들은 자신들의 시기를 이기지 못하고 친형인 예수님을 전심으로 믿지 못했다. 그의 가르침과 기적들과 생활방식, 그리고 어머니로부터 전해들은 초자연적인 탄생까지 모두 설득력이 있었지만 그들은 예수님이 그들의 친형이라는 사실을 극복하지 못했다. 시기는 말 그대로 그들의 영원한 생명을 가로막고 있었다(요 7:3-8 참조). 그때 하나님의 해답은 바로 십자가였다.

예수님의 형제들이 십자가 처형의 현장에 있었다고 가정하는 데에는 합당한 이유가 있다. (이 사건은 유월절 축제에 일어난 일이다. 모든 유대인 남자들은 그 행사에 꼭 참석해야만 했다. 그리고 그들이 그 도시에 있으면서 십자가 처형의 현장에 있지 않았다는 것은 가능성이 매우 낮아 보인다.) 예수님이 십자가에 달려 있는 모습을 보았을 때, 그들 안에 있는 모든 것이 변화되었다. 고통의 고뇌에도 위엄을 잃지 않고 끝까지 견디는 그분의 모습은 그들의 마음에 강하게 새겨졌다. 그들은 인간의 이해를 능가하는 고통이 무엇인지를 목격했다. 십자가에 못 박혀 사람의 형태를 갖추지 못할 만큼 처절한 형상을 바라보며 어떻게 더 이상 시기할 수 있었겠는가? 십자가 앞에서 시기심이 눈처럼 녹았을 때, 그들 안에 믿음의 씨앗이 싹텄고 그들은 결국 일어날 수 있는 기회를 얻었다.

그분의 초자연적 죽음과 부활한 몸을 보았을 때, 그들은 믿었다. (고전 15:7에 의하면, 적어도 예수님의 형제 중 야고보는 그분의 부활하신 몸을 보았음을 우리가 안다.) 십자가는 예수님의 친형제들이 시기심을 극복하고 온전히 믿을 수 있는 능력을 부여한 촉매제와 같은 역할을 했다. 그렇기 때문에 그들은 성령님이 다락방에서 120사도들에게 임했을 때 그 자리에 함께 있었다(행 1:13-2:4 참조).

십자가가 형제들의 시기를 다루었다.

하나님께서는 아직도 이 방식으로 형제들 가운데 있는 시기심을 다루신다. 그분은 존귀함을 위해 선택한 자를 십자가에 못 박으신다.

나는 이렇게 물었다. "주님, 한 형제가 나를 시기한다면, 바로 그가 십자가에 못 박혀야 되지 않습니까? 이것은 그들의 문제이지 않습니까?" 주님이 말씀하셨다. "아니다, 나는 네 형제의 시기심을 너의 못 박힘으로 다룰 것이다." 이와 같은 패턴은 성경 말씀을 통해 증명된다. 몇 가지 예를 살펴보자.

야곱과 에서

에서는 야곱이 아버지의 **축복**을 훔친 것으로 인해 야곱을 미워했다. 에서가 살인에 이르기까지의 시기로 가득했을 때, 형제의 어머니는 야곱을 밧단아람으로 보냈다. 20년 후 야곱이 에서의 곁으로 돌아왔을 때, 그는 두 명의 아내와 열한 명의 아들, 그리고 큰 무리의 가축을 이끌고 있었다. 그러나 야곱은 형의 시기를 무척 두려워했다. 그래서 그는 그의 형에게 후한 선물과 가축을 먼저 보냈다.

떨어져 살았던 20년의 세월이 어느 정도 시기를 사라지게 했고, 호화로운 선물들도 에서의 마음을 여는 데 큰 도움이 되었다. 그러나 하나님께서 에서의 시기가 잦아들도록 행하신 일이 하나 더 있다. 하나님께서 야곱의 허벅지 관절을 쳐 어긋나게 하셨고, 이로 인해 야곱은 다리를 심하게 절었다(창 32:22-32 참조). 분명한 것은 야곱이 굉장히 고통스러웠을 것이란 사실이다. 그가 다리를 절었던 이유 중 하나는 걷는 데 큰 고통을 느꼈기 때문일 것이다. 그러니 야곱이 그의 형 에서를 만나러 나갔을 때, 그는 전날 밤 입은 상처로 인해 그 모습이 말이 아니었을 것이다. 야곱은 하나님이 주신 육체의 흔적에 어떻게 적응해야 할지 몰랐다. 그래서 그는 에서에게 다가갈 때 어색하게 걸었을 것이다. 통증으로 움찔거리며 다리를 저는 모습은 에서가 그의 동생을 받아들일 수 있는, 마음속의 시기를 평정시키는 마지막 요소였다. 시기는 동정으로 녹아들었고, 두 형제는 다시 연합할 수 있었다.

우리는 하나님께서 시기를 마음속에 키우는 자들을 다루심으로써 시기를 제거해야 한다고 생각하지만, 때때로 그분은 시기받는 자를 못 박음으로써 이것을 다루신다.

요셉과 그의 형제들

요셉은 가장 사랑받는 아들이었고, 그 사실 때문에 형제들의 시기의 표적이 되었다. 그리고 형제들이 그에게 절을 했다는 꿈 이야기를 했을 때 형제들의 시기는 기하급수적으로 증폭했다. 요셉의 형제들은 요셉의 삶을 향한 하나님의 약속들이 정작 모든 형제들을 위한 것이라는 점을 깨닫지 못했다. 그들은 본인들이 축복의 통로로 선택받지 못한 사실에만 초점을 맞추었다. 그래서 기회가 왔을 때 그들은 요셉을 살해 직전까지 몰고갔고, 결국 그를 노예로 팔아버렸다. 그들의 마음은 시기로 가득 차서 세상에 어떤 것도 자신들을 동생에게 절하게 만들 것은 없다고 생각했다!

요셉에게 애굽의 총리로서 왕좌의 두 번째 자리가 주어졌을 때, 그의 형제들은 두려운 나머지 분명 그에게 절했을 것이다. 그러나 요셉의 높은 자리 그 자체만으로는 형제들의 시기를 해결하지 못했을 것이다. 사실상 그것을 악화시킬 가능성이 있었다.

그래서 하나님은 요셉 형제들의 시기를 어떻게 다루셨는가? 하나님의 해답은 비유적인 방법으로 요셉을 십자가에 못 박는 것이었다. 실제로 그것은 요셉이 13년 동안 노예생활과 감옥살이 한 것을 뜻한다. 요셉의 형제들이 요셉의 위치가 이렇듯 큰 값을 치르고 난 후 얻어진 것임을 나중에 깨달았을 때, 그들의 시기는 사라졌고 동생을 마음으로 존경하게 되었다. 이것은 야곱이 임종한 후 형제들의 요셉에 대한 태도를 보고 알 수 있다(창 50:15-21 참조). 시기로 인해 요셉을 멀리하는 대신 그들은 "친히 와서 요셉의 앞에 엎드려"서 "우리는 당신의 종이니이다"(창 50:18)라고 했다. 시기가 없어지고 난 후 그들은 존경하는 마음으로 요셉과 마음을 나눌 수 있었다.

다르게 설명해 보겠다. 하나님은 형제들의 시기를 다루실 때 한 사람을 영적 아버지로 변화시키는 과정을 통해 일하신다. 요셉의 시련은 하나님께서 의도하신 대로였다. 그를 형제 중 하나가 아닌 아버지와 같은 존재로 만들기 위해서였다. 사실상 그는 그의 형들에게 아버지 같은 존재가 되었고, 시기의 문제는 평정

되었다. 왜냐하면 아들은 아버지를 시기하지 않기 때문이다. 시련은 형제들의 시기를 소멸시키고 선택된 자를 영적 아버지의 위치로 승격시킨다.

욥의 형제들

우리는 재산과 자녀 및 증손의 축복 외에도 하나님께서 특별한 이유를 위해, 보좌에 관한 위대한 계시를 위해 욥을 선택하셨음을 알 수 있다. 그리고 이런 굉장한 특권은 욥의 형제들로 하여금 그를 시기하게 할 수 있었다.

욥과 그의 형제들과의 관계를 엿볼 수 있는 기회가 있다. 바로 욥의 시련 이후 그들의 반응을 통해서다. "이에 그의 모든 형제와 자매와 및 전에 알던 자들이 다 와서 그 집에서 그와 함께 식물을 먹고 여호와께서 그에게 내리신 모든 재앙에 대하여 그를 위하여 슬퍼하며 위로하고 각각 금 한 조각과 금고리 하나씩 주었더라"(욥 42:11).

욥이 하나님의 영광과 대면하는 경험을 하고 초자연적 치유함을 받은 후, 그의 형제들은 욥을 시기하는 대신 그를 위해 슬퍼하고 위로하며 선물을 주었다. 흥미롭지 않은가? 욥이 영적 특권을 받기로 선택되었음에도 불구하고 형제들은 욥을 사랑으로 대하며 공감했다. 그 이유가 무엇일까?

그 답은 물론 십자가에서 찾을 수 있다. 하나님은 욥을 십자가에 못 박으셨다. 문자 그대로 그렇다는 말이 아니다. 그러나 욥은 분명 하나님의 의지대로 그리스도의 고난을 나누었다. 그는 사실상 모든 것을 잃었다. 그의 자녀, 소유물, 건강, 그리고 친구들마저도. 하나님께서 그를 깨뜨리셨기 때문에 그의 형제들은 그를 시기심 없이 대할 수 있었다.

다윗과 그의 형제들

우리는 사무엘이 다윗을 "그 형제 중에서"(삼상 16:13) 이스라엘의 왕으로 기름부은 것을 알 수 있다. 이것을 보고 모두 이렇게 생각하기 쉽다. '경솔했어, 사무엘! 다윗은 이제 가망이 없어. 그를 형제들 앞에서 기름부었으니, 그는 이제 형제들에게 고통스러울 정도로 시기를 받을 것이고, 그걸 이제 만회할 수 없게 됐어. 그의 형제들이 알아채지 못하게 은밀한 곳에서 그에게 기름 붓는 것이 더 현명했을 텐데. 그렇게 생각하지 않아 사무엘?' 그러나 하나님은 전략적으로 다윗이 그의 형제들에게 시기를 받게 하셨다.

그들의 시기를 발견하는 것은 어렵지 않다. 다윗이 전쟁터에 있는 형제들에게 줄 음식을 가져와 블레셋 거인 골리앗에 대해 물었을 때, 다윗의 맏형은 시기의 독이 올라 이렇게 반응했다.

> 장형 엘리압이 다윗의 사람들에게 하는 말을 들은지라 그가 다윗에게 노를 발하여 가로되 네가 어찌하여 이리로 내려왔느냐 들에 있는 몇 양을 뉘게 맡겼느냐 나는 네 교만과 네 마음의 완악함을 아노니 네가 전쟁을 구경하러 왔도다. (삼상 17:28)

이렇듯 다윗을 향해 엘리압이 시기를 분출한 것은 빙산의 일각일 뿐이다. 다윗의 나머지 여섯 형제들 역시 이와 비슷한 감정을 마음에 지니고 있었다. 시기에 의해 생긴 쓴 뿌리는 매우 격한 감정이다. "그러므로 다윗이 그곳을 떠나 아둘람 굴로 도망하매 그 형제와 아비의 온 집이 듣고는 그리로 내려가서 그에게 이르렀고"(삼상 22:1).

무엇이 다윗을 향한 그들의 마음에 이런 극적인 변화를 일으켰을까? 간단히 말해, 그것은 바로 다윗의 십자가 못 박힘에 의한 변화였을 것이다. 사울이 다윗을 대적해 그를 여러 차례 죽이려 하고 전국 곳곳으로 쫓기 시작했을 때 다윗의 형제들의 심경에는 완전한 변화가 있었다. 만약 다윗이 빠르고 손쉽게 보좌에 올랐다면 그들은 그들 마음의 시기를 감당할 수 없었을 것이다. 그러나 하나님께서 다윗을 우회시키고 고봉스러운 길로 인도하심으로써, 형제들의 시기심은 소멸되었고 그들은 하나님이 주권적으로 선택하신 그들의 형제와 함께 할 수 있었다.

성경의 이런 패턴은 아주 놀랍다. 하나님께서는 형제들 사이의 시기심을 선택된 자를 십자가에 못 박음으로 해결하신다.

두 왕국

솔로몬의 통치 이후 이스라엘은 두 왕국으로 나뉘었다. 북이스라엘은 최종적으로 사마리아에 본부를 두었고 남유다는 예루살렘을 수도로 삼았다. 여러 세대 동안 이스라엘은 두 왕을 섬겼다. 한 명은 북쪽에 또 다른 한 명은 남쪽에 있었다. 그리고 결과적으로 두 왕국 사이에는 경쟁이 팽배했다.

북왕국은 남왕국 유다를 특별히 시기했다. 예루살렘이 남왕국에 속했기 때문이다. 유다는 성전 산(山)을 소유할 수 있었고, 이것은 곧 제사장직, 제사, 언약궤와 하나님의 '미소'를 뜻했다. 경쟁은 여러 세대를 거쳐 계속되었고 결국 두 왕국은 자신들의 자유의지로는 결코 연합하지 못할 것이라는 결론에 이르렀다.

그러나 하나님은 두 왕국을 반드시 연합시키셔야 했다. 그분의 아들, 메시야가 이 땅에 그분의 왕국을 세웠을 때 그 나라가 분리되지 않는 것은 그분의 지혜와 모략의 핵심이다. 두 나라가 한 왕국이 되기 위해 어떤 일이 일어나야만 했다. 하나님의 해결책은 무엇이었을까? 어떻게 보면 일종의 '십자가의 못 박힘'이었다. 우리는 이것을 가리켜 포로생활 또는 유배라고 부른다. 하나님의 해답은 그의 백성을 바벨론에 70년 동안 포로생활하도록 하는 것이었다. 그분은 느부갓네살 왕으로 하여금 유다를 침공해 하나님의 백성을 오늘날의 이라크로 데려가게 하셨고, 백성들을 억압하게 하셨다.

이사야가 바로 두 왕국을 하나로 연합하기 위해 이스라엘 백성들을 포로로 끌려가게 하신 하나님의 목적을 예언했다.

13에브라임의 투기는 없어지고 유다를 괴롭게 하던 자는 끊어지며 에브라임은 유다를 투기하지 아니하며 유다는 에브라임을 괴롭게 하지 아니할 것이요 14그들이 서로 블레셋 사람의 어깨에 날아 앉고 함께 동방 백성을 노략하며 에돔과 모압에 손을 대며 암몬 자손을 자기에게 복종시키리라. (사 11:13-14)

이 구절은 두 왕국이 어떻게 서로를 시기하며 괴롭게 했는지를 보여준다. 이 둘 사이의 경쟁은 매우 치열했다. 그러나 이런 역학관계가 하나님의 언약 백성 가운데 예수님이 이 땅에 오실 때까지 계속되었다면 그분의 사역에 많은 제약이 있었을 것이다. 그러므로 하나님께서 이것을 다루셨다. 타국에 억압되어 포로로 생활하는 것보다 더 심오하게 이런 문제를 다룰 방법은 아마도 없을 것이다.

시기심은 평화로울 때 존재하는 문제다. 핍박이 있을 때는 시기도 사라진다. 핍박은 시기라는 공공의 적을 둔 성도들을 하나의 결합된 연합체로 뭉칠 수 있는 방법이다. 그러므로 핍박은 하나님이 마지막 때에 교회 안의 시기를 다루실 때 사용하시는 강력한 방법 중 하나다.

이스라엘 역사에서 포로생활은 극도로 고통스러운 시간이었다. 그러나 이것은 하나님께서 전략적으로 시기와 경쟁을 제거하고 마지막에는 하나의 연합된 지체를 회복하기 위해 사용하신 도구였다.

바울의 가시

하나님과 만난 사도 바울의 놀라운 경험들은 아마도 다른 자들로 하여금 그를 시기하게 했을 것이다. 그러나 하나님에게는 그것을 다루는 방법이 있었는데, 잠시 후에 살펴보겠다. 하나님께서는 문제들을 사용해 능력을 보호하신다. 즉 그분이 영적인 능력을 한 그릇(사람)에 부으실 때, 그분은 그 그릇에 투자하신 것을 보호하는 방법으로서 그 그릇이 저항과 곤란에 부딪혀 결국 겸손하고 의존적이게 만드신다.

다음은 바울이 그의 놀라운 영적 체험 중 하나라고 말한 것이다.

²내가 그리스도 안에 있는 한 사람을 아노니 십사 년 전에 그가 셋째 하늘에 이끌려간 자라(그가 몸 안에 있었는지 몸 밖에 있었는지 나는 모르거니와 하나님은 아시느니라) ³내가 이런 사람을 아노니(그가 몸 안에 있었는지 몸 밖에 있었는지 나는 모르거니와 하나님은 아시느니라) ⁴그가 낙원으로 이끌려가서 말할 수 없는 말을 들었으니 사람이 가히 이르지 못할 말이로다 ⁵내가 이런 사람을 위하여 자랑하겠으나 나를 위하여는 약한 것들 외에 자랑치 아니하리라 ⁶내가 만일 자랑하고자 하여도 어리석은 자가 되지 아니할 것은 내가 참말을 함

이라 그러나 누가 나를 보는 바와 내게 듣는 바에 지나치게 생각할까 두려워하여 그만두노라 7여러 계시를 받은 것이 지극히 크므로 너무 자고하시 않게 하시려고 내 육체에 가시 곧 사단의 사자를 주셨으니 이는 나를 쳐서 너무 자고하지 않게 하려 하심이니라. (고후 12:2-7)

바울의 이 영적 체험과 계시들이 지극히 크므로 하나님께서 그의 "육체에 가시"를 주어 균형을 잡으셨다. 혹여나 바울이 "너무 자고하지 않게 하시려고" 그렇게 하셨다. 누군가가 하나님과 극히 드문 대면을 했을 때, 다른 믿는 자들은 그것을 필요 이상으로 높이 평가하는 경향이 있다. 일단 믿는 자들에게 이렇게 높임을 받게 되면, 그 성도는 그와 같은 경험을 원하는 자들에게 시기의 표적이 된다. 그래서 주님은 이렇게 말씀하셨다. "바울아, 다른 이들이 너를 보며 갖는 시기심을 다루어야겠다. 그래서 나는 너를 십자가로 부른다. 네 고통이 다른 자들의 시기로부터 너를 지켜줄 것이다."

바울의 육체의 가시는 그리스도의 고통을 나눈 것이었다. 바울이 하나님의 편애를 받는 자로서 시기받기보다는 그분의 종으로서 받아들여지도록 그분의 의지로 인해 부여받은 고통이었다. 우리는 흔히 깨어지고 흠이 난 그릇을 보고 시기심을 느끼지 않는다. 하나님은 그가 선택하신 자를 십자가에 못 박으심으로써 시기의 문제를 다루셨다.

다른 사람의 자유를 시기함

이 장의 주제에 특별히 내가 공감하는 이유는 내가 겪은 심오한 고통 때문이다. 이제 내가 시기와 싸웠던 솔직한 이야기로 이 장을 마무리하려 한다.

1992년 뉴욕 주의 한 지역 교회의 목사로 섬기고 있을 때 나는 성대에 부상을 입었다. 그로 인해 내 목소리는 아주 약하고 소리를 낼 때마다 큰 고통을 느꼈다. 말을 하지 않을 때는 고통이 참을 만했으나 성대를 사용하면 곧바로 통증이 동반되었다. 목소리를 내면 낼수록 더 아프고 나는 더욱 쇠약해졌다. 나는 주님이 치유해 주실 것을 간절히 기다리고 있다. 그러나 이 글을 쓰는 지금까지 아직 노래를 부를 수 없다. 그 당시 나는 목사직을 그만두어야 했고, 지금은 교회 또는 집회에 강사로 다니며 제한적으로 사역하고 있다.

부상이 극심해진 이후 내 삶의 감정적·정신적·신학적 고통도 같은 길을 걸었다. 어떻게 하나님은 이토록 충격적인 일이 나에게, 그것도 나의 전성기에 주님을 섬기는 데 전심을 다했던 내 삶 가운데 일어나도록 허용하셨을까? 이 무력함은 내게 트라우마가 되었고, 그런 가운데서 하나님을 찾는 것은 내 인생의 가장 큰 모험이었다. 그런 어둠 속에서도 나는 나의 하나님 안에서 걸어가는 개인적 순례를 담아낸 책을 몇 권 저술했고, 이 책 또한 나의 여정을 담아낸 또 하나의 결과물이다.

부상을 당하기 전 나는 젊고 활기가 넘쳤으며 온전했다. 다른 이들이 나의 장점과 능력을 보고 조금 시기할 여지가 있었는지도 모른다. 하지만 부상 후에는 모든 것이 변했다. 시기를 받을 가능성보다는 이제 동정을 받아야 마땅한 처지가 되었다. 나는 쇠사슬에 묶였고, 옥에 갇혔고, 모든 단계에서 장애와 싸워야 했다. 내가 원했던 일들을 이제 할 수 없게 되었고, 신체적 고통으로 인해 나는 내게 주어진 장애의 제한선 안에서만 기능해야 했다. 하나님이 나를 자유케 하신다는 약속은 명확하다. 하지만 그 자유함의 순간이 오기까지는 이 쇠사슬들이 나의 현실이다.

나를 가둔 쇠사슬은 나에게 전혀 다른 시기심이 내 영 안에서 올라오도록 기회를 제공했다. 그것은 내가 부상을 당하기 전에는 전혀 경험하지 못한 종류의 시기였다. 지금 나의 감정적·육체적 고통의 수준 때문인지, 나는 마치 십자가에 못 박힌 것 같은 기분이 든다. 나는 나의 고통의 정도를 떠나 그리스도의 고통을 함께 나누리라는 마음을 정했다(벧전 4:13 참조). 그러나 십자가에 못 박히는 것이 고통스럽다는 사실은 부인할 수 없었다. 그리고 그런 내게 시기는 전혀 새로운 모습으로 다가왔다. 나는 비로소 깨달았다. 십자가를 진 형제 역시 그의 마음속에서 시기를 다루어야 한다는 사실을.

시기가 나의 현재 고통에 어떤 영향을 미치는지 설명하겠다. 주님께서 나를 깨뜨리시는 동안, 나는 겉보기에는 하나님의 훈련을 면제받은 것처럼 보이는 자들이 누리는 자유와 기쁨을 시기하지 않는 것이 무척 어려웠다. 주님 앞에 기쁨과 놀라운 자유함으로 달려 나가는 이들을 지켜보며 나는 감방에 갇혀 나의 움직임을 제한하는 쇠사슬에 묶인 채 살갗이 쓸리고 있다. 그리고 내게 이렇게 말씀하시는 것을 깨달았다. "무릇 내가 사랑하는 자를 책망하여 징계하노니 그러므로 네가 열심을 내라 회개하라"(계 3:19). 내 삶 위에서 훈계하시는 그분의 손이 그분의 사랑이라는 것을 깨달았다. 나는 진실로 그것을 있는 그대로 인정한다. 그러나 불 속을 지나고 있을 때, 하나님의 능력과 축복과 승리가 넘치지만 정결하게 하는 불을 경험하지 않은 자들과 함께 기뻐하는 것은 극히 어렵다.

당신은 지금 겨울을 지내고 있다. 춥고 바싹 말랐고 척박하며 삭막하다. 하나님께서 당신 앞에서 문을 닫고 막을 내리셨다. 그리고 당신은 당신의 형제와 그의 영적 상태를 본다. 자유롭고, 하나님 은혜의 햇살을 만끽하고 있다. 그가 당신을 보며 뭐가 잘못되었는지 의아해한다. 그 책망의 순간에 당신은 형제가 누리는 복을 시기하는 것이 매우 자연스럽게 느껴진다. "주님, 왜 내 형제는 내가 겪는 이 어려움을 조금도 경험하지 않나요? 지금 내가 마시는 물을 그가 조금이라도 맛본다면, 그는 분명 내 상황을 조금 다르게 볼 겁니다. 그를 완전히 멸하시라는 말이 아닙니다. 그저 조금 공평하게 해주시면 안 되나요?"

나는 하나님이 내 형제에게 허락하신 길을 넘보지 않도록 계속해서 상기해야 한다. 그렇지 않으면 내 영의 육신의 온갖 것들이 수면으로 올라온다. 그래서 나는 예수님이 요한에 관해 베드로에게 하신 말씀을 기억한다. "예수께서 가라사대 내가 올 때까지 그를 머물게 하고자 할지라도 네게 무슨 상관이냐 너는 나를 따르라 하시더라"(요 21:22). 다시 말해 "내가 너의 형제를 위해 선택한 길은 네가 전혀 상관할 바가 아니다. 너는 그저 네 일을 충실히 하며 나를 따르라"는 말씀이다.

예수님을 따르는 일은 그 자체로 전념을 요구하는 정규직이다. 내가 예수님을 따르는 데 전심을 다한다면, 나는 타인의 길을 내 것과 비교하지 않기 때문에 시기와 분투하지 않을 것이다. 내가 삶의 행로 가운데 분투할지라도 언젠가 하나님께서 내 발 앞에 두신 길의 지혜로움을 온전히 이해할 수 있을 것이다.

Chapter 7
'은혜의 분량' 인지하기

성령의 뜻대로 나누어주신 성령의 은사와 그 은사의 영역을 비교함으로써 시기를 극복하는 여러 방법을 찾을 수 있다.

　　　　　　　하나님이 시기를 다루실 때, 그분이 선택한 그릇이 심히 고통스러운 인생 여정을 겪게 하심으로써 그 형제들의 시기가 동정으로 변한다고 앞 장에서 언급했다. 그러나 나는 우리가 우리 마음속에서 시기를 발견했을 때 그것을 어떻게 다루어야 하는지 우리 각자의 책임은 언급하지 않았다. 마음의 전쟁터에서 전투를 하는 동안 생명을 주신 주님을 기쁘게 할 수 있는 몇 가지 원칙을 살펴보자.

　최종적으로 분석하면, 시기는 하나님 앞에서 우리 개인의 책임이다. 우리는 즉각적으로 그리고 강압적으로 시기를 다루어야 한다. 시기는 감춰지기 쉽기 때문에 우리가 깨닫지 못한 채 수개월 또는 수년 동안 우리 마음속에서 작동하고 있을 수 있다. 그러나 주님은 언제나 우리가 마음의 불순물들을 볼 수 있도록 드러내신다. 그분이 우리 삶 가운데 불을 불러일으키실 때 불순물들은 수면에 떠오른다. 일단 이런 문제에 직면하면, 회개하고 하나님과 함께 해결해 나가는 것이 가장 중요하다.

시기를 다루는 가장 효과적인 방법은 자기 안에 시기심이 있다는 것을 인정하는 것이다. 우리의 죄를 빛 가운데 드러낼 때 굉장한 능력이 풀어지게 된다. 하나님이 우리 마음의 시기를 드러내실 때 그저 겸손히 그분 앞에 그것을 고백하면, 디모데후서 2:19 말씀과 같이 불의에서 떠나게 되는 것이다. 하나님의 정결케 하는 불로 인해 시기심이 떠올랐을 때 그 문제들을 신실하게 다루면, 우리는 참된 회개로 인해 정결하게 되어 "금과 은의 그릇"(딤후 2:20)이 될 능력을 부여받는다. 우리의 불의가 정결하게 씻길 때 우리는 "귀히 쓰는 그릇이 되어 거룩하고 주인의 쓰심에 합당하며 모든 선한 일"(딤후 2:21)에 준비가 된다.

젖 떼기 과정

시편 131편은 위의 내용과 적절한 관련성이 있다.

¹여호와여 내 마음이 교만치 아니하고 내 눈이 높지 아니하오며 내

가 큰 일과 미치지 못할 기이한 일을 힘쓰지 아니하나이다 ²실로 내가 내 심령으로 고요하고 평온케 하기를 젖 뗀 아이가 그 어미 품에 있음 같게 하였나니 내 중심이 젖 뗀 아이와 같도다. (시편 131:1-2)

다윗은 이 시편에서 시기의 온상이 되는 욕망의 문제를 언급하고 있다. 시기는 우리의 마음이나 눈이 오만한 목표를 가졌을 때 다른 지체가 우리보다 더 빨리 그 목표에 도달하는 경우 일어난다. 형제가 높은 위치에 있는 것이 문제가 아니라 우리가 자족하지 못하고 오만한 것을 열망한 것이 문제인 것이다(딤전 6:6-8 참조). 그리스도 안에서 하나님의 높은 부르심에 마음을 두는 것은 분명 바람직하다(빌 3:14 참조). 그러나 교만함과 오만함이란 우리가 갈망할 수 있는 범위를 넘어서는 것이다. 우리가 감당하기에 너무 심오한 일을 갈망하면, 현재 갖고 있는 것으로 평안할 수 없다. 그러므로 마음의 동기가 야망에 의한 것일 때(우리가 바라던 것을 타인이 취할 때), 우리는 쉽게 시기라는 죄의 표적이 된다.

우리가 위대함을 갈망하는 것은 갓난아이가 엄마의 젖을 원하는 것과 같다. 아이는 그 갈망하던 것이 충족될 때 갓난아이의 속도로 잘 자랄 수 있다. 그러나 아이가 더 영양가 있고 몸을 강하게 하는 딱딱한 음식을 먹게 하려면 엄마는 아이에게서 젖을 떼야 한다. 젖 떼는 과정은 아이가 원하는 것을 주지 않고 견디게 하는 과정을 거친다. 이것은 아이 안에 극심한 불안감을 조성한다. 아이는 지친 나머지 아무리 울어도 원하는 것을 얻지 못한다는 사실을 어쩔 수 없이 받아들인다. 부모는 아이가 스스로 통제할 수 없다는 것을 알기 때문에 아이가 원하는 것을 끝까지 주지 않는다.

그러나 젖 떼기 과정이 끝나면 아이는 고요하고 평온한 만족스러움으로 돌아간다. 왜 그런가? 이유 과정을 통해 아이의 식성이 변했기 때문이다. 아이는 이제 전에 바라던 것을 더 이상 바라지 않는다. 이것이 젖 떼기 과정의 원리다. 주지 않고 견디게 하는 과정은 식성을 바꾸어 놓는다. 하나님께서도 우리가 간절히 원하는 것을 바꾸시기 위해 우리가 원하는 것을 주지 않으신다.

젖을 뗀 아이는 그의 부모가 식성을 바꾸도록 허용한 아이다. 우리의 마음이 감당하지 못할 오만하고 야심 찬 것들을 갈망할 때, 하나님은 우리가 간절히 원하는 그것을 허락하지 않으신다. 처음에는 우리의 갈망이 하나님이 주신 비전에서 온 것이라고 생각하기 때문에 좌절감을 느낀다. 좌절은 분노로 바뀌고 그 후에는 침통함으로 변한다.

이 모든 과정을 겪는 동안 다른 지체가 정작 우리가 원했던 것을 가질 때 마음에 시기가 찾아온다. 그러나 우리가 바라는 것을 계속 주시지 않으면, 우리는 결국 구하기를 멈추게 된다. 그 후 우리 마음이 하나님이 주신 것으로 만족하게 되면, 우리는 젖을 떼었다고 한다.

시편 131편에서 하나님은 젖을 먹이는 사랑의 어머니로 묘사된다. 자녀를 향한 모성적인 하나님의 사랑은 설득력 있고 사실적이다. 주님은 우리에게 깊은 사랑을 가지고 온유하게 이유하신다.

젖을 떼는 것은 여러 단계를 거치는 과정이다. 아이는 가장 처음 엄마의 젖을 떼고, 그 다음 젖병을 떼고, 또 얼마 후 고무젖꼭지와 같은 대체물을 뗀다. 이것은 하나님께서 우리 삶 가운데 다른 갖가지 문제들을 다루실 때도 마찬가지로 반복적으로 일어나는 현상이다. 한 가지 갈망으로부터 우리를 떼시고, 그 다음해 또 다른 것으로부터 우릴 떼어내신다. 야망에서 비롯된 시기는 하나님이 우리에게서 떼어내시는 육적인 것으로서 많은 어린아이의 일들 중 하나일 뿐이다

비록 18년 전 일이지만 나는 우리 첫 아이가 젖 뗐을 때를 기억한다. 조엘(Joel)은 모유수유도 좋아했지만 젖병 물기는 더 좋아했다! 그래서 젖은 비교적 쉽게 뗐는데 젖병 떼기는 전혀 다른 문제였다. 우리가 조엘에게서 젖병을 떼어냈을 때, 그의 첫 반응은 분노였다. 점차 시간이 지나면서 다시는 젖병을 빨 수 없다는 것을 결국 깨달았을 때 그의 고함은 통곡으로 변하고 그리고는 가

숨이 찢어지는 소리로 애통하기 시작했다. 조엘이 빼앗긴 젖병 때문에 슬퍼하는 모습을 지켜보며 마시와 나는 눈물이 날 뻔 했다. 우리 집안 전체의 트라우마였다! 아이의 갈방을 충속시켜주고픈 마음이 가득했지만, 아이를 사랑했기에 아이가 원하는 것을 줄 수 없었다. 젖을 떼는 과정 중에 있는 우리를 향한 하늘 아버지의 사랑도 이와 같다.

주님은 내가 사역할 수 있는 영역에서 나를 떼어내셨고 그것으로 인해 나는 많은 눈물을 흘렸다. 그러나 보다 높은 영적 관점에서 보았을 때 내가 미숙한 수준 혹은 지엽적인 방향으로 나아가지 않도록 막아주신 주님의 친절함이었음을 알 수 있었다. 이러한 젖 떼기 과정을 통해 그분은 내가 더 높은 수준으로 성장할 수 있도록 나의 갈망을 만들어가셨다. 다른 사람이 가진 것을 바라지 않고 그리스도가 내 삶에 주신 모든 사명을 추구하는 것에 만족할 수 있는 성숙의 단계에 이르는 것이 나의 기도제목이다.

다윗이 "젖 뗀 아이가 그 어미 품에 있음 같게 하였나니"라고 쓴 것에 주목해 보자. 젖을 떼는 과정은 본질적으로 아이와 어머니의 관계 가운데서 있는 일이다. 어머니의 사랑의 확신이 아이가 자신에게 일어나는 일들을 이해하도록 돕는다. 아이가 견뎌낼 수 있는 것은 아이와 어머니 사이의 유대감이다.

하나님께서 우리를 개인적인 관심사에서 떼내실 때, 그분은 우리가 원하는 것을 허락하지 않는 동시에 우리를 품에 안으신다. 우리를 반대하시는 분 같지만 그분의 친밀함은 놀랍도록 사랑스럽고 결국 우리를 안심시킨다. 주님의 사랑 안에서 야망에서 비롯된 마음의 시기를 이길 수 있는 능력을 주시며 안위해 주신다.

교회 안의 시기심

우리 마음속 시기심을 다룰 때 할 수 있는 가장 첫 번째 일은 하나님이 우리의 갈망을 형성하실 수 있도록 허용하는 것이다. 두 번째는, 그리스도의 사랑의 위대함을 추구하는 것이다. 성경에 이렇게 쓰여 있다 "사랑은…투기하는 자가 되지 아니하며"(고전 13:4). 그래서 사랑은 시기의 가장 큰 억제책이다. 우리가 사랑으로 인해 온전해질 때 우리는 더 이상 서로를 시기하지 않는다.

바울은 "만일 한 지체가 고통을 받으면 모든 지체도 함께 고통을 받고 한 지체가 영광을 얻으면 모든 지체도 함께 즐거워하나니"(고전 12:26)라고 하였다. 교회 안에서 우리 중 한 지체가 고통 받을 때 함께 고통 받고 울며 위로하는 것은 비교적 어렵지 않다. 그러나 "한 지체가 영광을 얻으면" 그것은 전혀 다른 이야기가 된다. 당신이 출석하는 교회의 목사님이 만일 당신이 아닌 다른 한 지체를 인정하며 높이 평가하고 당신에게는 그렇게 하지 않을 때, 갑자기 시기가 근거 없이 튀어나오는 것을 생각해 보라. 놀랍지 않은가. 우리의 시기하는 마음이 시험대에 놓일 때는 지체가 고통 받을 때가 아니라 칭찬을 받을 때다. 당신은 다른 지체가 칭찬을 받을 때 "함께 즐거워"할 수 있는가? 길 건너편에 있는 교회가 번성하면 함께 기뻐할 수 있는가? 내가 다른 지체를 시기하는 것은 내 사랑이 온전하고 완벽하지 않기 때문이다. 사랑하는 자들은 시기하지 않는다.

성경은 우리에게 "사랑을 따라 구하라 신령한 것을 사모하되 특별히 예언을 하려고 하라"(고전 14:1)고 권면한다. 하나님께 쓰임받기를 원하는 것은 옳은 것이다. 그러나 때때로 그 열망이 공적인 사역 무대에 서고자 하는 열망으로 바뀐다. 우리는 지위를 원한다. 그러다가 누군가가 나 대신 지위와 인정을 얻게 되면 그 지체를 축복하기보다 시기하게 된다. 시기심이 들어오면 우리가 주님께 얼마나 귀하게 쓰임받고 있는가 하는 관점을 놓치게 된다. 대추수의 때에 우리가 왕성하게 일한다면, 우리 영혼이 오직 쓰임받는다는 사실만으로 시기에서 벗어나고 만족을 얻게 될 것이다. 추수의 열기가 뜨거워지면, 옆 사람이 얼마나 추수했는지 상관하지 않을 뿐 아니라 거기에 관심이 없다는 사실에 그저 기쁠 것이다. 또 혼자서 추수하지 않아도 된다는 사실에 감사할 것이다! 무대 사고방식에서 추수 사고방식으로 전환하는 것이 핵심이다. 추수 때에는 그 어떤 것도 아닌 하나님의 관점으로만 사역한다. 단 한 명을 위해 살아가는 그 비밀을 배울 때, 시기심은 더 이상 문제가 되지 않는다.

"심는 이와 물주는 이가 일반이나 각각 자기의 일하는 대로 자기의 상을 받으리라"(고전 3:8). 그리스도의 신부를 대상으로 사역하는 자들을 가리켜 '일반' 또는 '하나'(새번역)라고 한다. 같은 밭(교회)에서 심는 이와 물주는 이는 서로 경쟁하지 않는다. 이들은 같은 편에서 같은 목표를 향해 일한다. 그리고 '일반' 또는 '하나'라 불린다. 사도, 선지자, 복음 전파자, 목사, 교사, 훈련하는 자, 권면하는 자, 섬기는 자가 모두 하나다. 너의 성공은 나의 성공이다. 사역자들 사이에 경쟁이 난무하다면, 그것은 우리가 하나임을 잊었기 때문이다. 사역 현장에서의 경쟁심은 우리의 가장 중심인 하나님 나라의 확장을 방해한다. 왜냐하면 지체가 스스로를 저지하는 것이기 때문이다.

우리는 성경에서 말하는 매우 겸손한 피조물에게서 배울 점이 있다. "땅에 작고도 가장 지혜로운 것 넷이 있나니"(잠 30:24). 여기에 언급된 네 개의 생물은 바로 개미와 사반과 메뚜기와 도마뱀이다. 메뚜기는 "임군이 없으되 다 떼를 지어"(27절) 나아간다. 메뚜기는 "가장 지혜로운" 것으로 알려졌는데, 바로 공통 목적을 위해 연합할 수 있는 그들의 능력 때문이다. 다시 말해 그들은 어깨를 나란히 함으로 시기 없이 떼를 지어 나아가므로 가장 지혜롭다.

어떻게 이렇게 지혜로울 수 있는가! 그들은 떼를 지어 다니는데, 그 이유는 주된 지도자의 매력 때문이 아닌 그들 공동체의 비전을 위해 뭉쳤기 때문이다. 그들은 서로를 존중함으로 함께 나아간다. 우리 또한 이 중요한 때에 시기하는 마음과 경쟁심, 개인적 야망을 밀어내고 서로를 사랑으로 우선시하는 영적 은혜를 실천할 수 있을 만큼 지혜롭기를 빈다. 우리의 형제자매들과 어깨를 나란히 하고 추수라는 공동 목표를 위해 함께 나아가자!

시편 16:3 말씀은 성경에서 가장 아름다운 선언 중 하나다. "땅에 있는 성도는 존귀한 자니 나의 모든 즐거움이 저희에게 있도다." 만약 내 주위 성도들이 어느 분야에서든 뛰어나다면, 나의 본능적인 반응으로 "나의 모든 즐거움이" 저희에게 있기를 빈다. 우리가 서로를 이런 시선으로 바라본다면, 그리스도의 몸은 사랑 안에서 더욱 격려되고 머리 되신 그리스도를 향해 성장해 갈 이다(엡 4:13-16).

교회 간의 시기

시기심은 교회 안에서 심각한 문제인 동시에 교회와 교회 사이에서는 더욱 심각한 문제가 될 수 있다. 그리고 자주 언급했듯이 남성 지도자들과 여성 지도자들을 포함해 교회의 형제들 사이의 일이다.

나는 자신이 동역하는 지도자를 시기한다고 하는 고백을 단 한 번도 들어본 적이 없다. 사역자들은 대개 시기심, 경쟁, 야망에 대해 아주 열성적으로 부인하며 자신들과는 상관이 없는 일이라고 한다. 그러나 완강하게 부인함에도 불구하고 시기의 치명적인 위협은 모든 교회를 이 진저리나는 일에 계속 엮이게 해 의혹과 불신과 분리를 몰고 온다. 때문에 시기에 대해 말하는 것보다 더 고통스러운 일은 없다. 그러나 그리스도의 몸 된 교회의 연합을 되찾아야 한다는 절박함은 우리로 하여금 정직함으로 이 문제를 직면하게 이끈다.

흔히 우리가 다른 교회나 사역팀의 성공을 보고 느끼는 작은 통증은 너무 희미하고 금세 지나가기 때문에 우리는 그 존재를 잘 인지하지 못한다. 그러나 "적은 누룩이 온 덩이에 퍼지느니라"(갈 5:9) 하는 말씀처럼, 시기에 대한 한 가지 원칙은 분명한 사실이다. 우리의 영 전체를 물들이기 위해서는 아주 적고 보이지 않을 만큼의 시기면 충분하다.

이제 이 책에서 가장 민감하고 섬세한 주제에 대해 파헤칠 것이다. 하나님께서 그리스도의 시체 안에 있는 지도자들에게 부여한 사역 능력과 그 영향력의 다양한 정도에 대해서다. 하나님은 지도자들에게 각기 다른 수준으로 기름을 부으심으로써 우리 마음이 쉽게 시기심에 노출되도록 의도하셨다. 그분은 우리가 단순히 이 문제로부터 숨도록 허용하지 않으신다.

나는 다윗이 자신의 곁에 있는 자들에게 다양한 수준의 권세와 상급을 주었던 것을 무척 흥미롭게 보았다. 다윗 아래 군대 장군 요압이 있었다. 요압 아래에는 세 명의 능한 용사가 있었다. 그리고 그 세 명의 용사들 아래 서른 명의 무리가 있었고, 그 서른 명 아래 다윗의 모든 용맹한 군사들이 있었다. 나는 이렇게 생각했다. '주님, 이런 다단계의 계급은 군대 전체에 시기심이 침투하게 할 치명적 형태 아닙니까?' 하나님은 우리에게 시기할 기회를 제공하는 것을 두려워하지 않으신다는 것이 대답인 듯하다. 실제로 그분이 그의 왕국을 구축하신 방식을 보면, 마음에 시기가 있을 때 반드시 그것이 일어나 드러나도록 되어 있다. 지체들에게 다양한 분량의 은혜를 주신 그분이 이렇게 말씀하시는 데는 거리낌이 없는 듯하다. "이 사람은 이 영역에, 저 사람은 저 영역에 두겠다."

하나님은 가차 없이 교회 안의 각 지체들에게 다양한 분량의 은혜를 주시고는 서로를 존중하며 공통 목적을 위해 함께 일하도록 부르셨다. 우리가 육적인 것을 벗어나지 못하고 시기심을 품고 비교하기 시작하면, 그분은 우리를 회개하도록 부르시고 회개의 열매를 나타내게 하신다.

예수님도 제자들에게 비슷하게 행하신 것 같다. 무리들 가운데 70명을 파송했고, 그 70명 중 열두 명을 동행자로 부르셨다. 열두 명 중에서는 세 명만이 그분의 가장 놀라운 영광과 능력의 역사하심을 목격할 수 있었다. 그리고 그 세 명 중 한 명이 "사랑하시는 제자"(요 19:26)라 칭함을 받았다. 예수님은 제자들의 신실함과 사랑을 보상하실 때 큰 무리에서 작은 무리를 골라내 특별한 계시와 경험을 하게 하신 듯하다. 그러나 이런 상급은 언제나 그 무리에 들지 못한 미숙한 자들로 하여금 시기할 수 있도록 하는 위험이 있다. 예수님은 시기심이 수면에 떠오르도록 최상의 기회를 공급하는 형식으로 그분의 나라를 설계하신 것 같다. 우리가 그것을 대면하여 다룰 수 있도록 말이다.

오늘날 교회나 관련 사역단체에서 목회자와 지도자들의 체계로서 다윗의 용사들 모형이 적합하다는 것이 나의 생각이다. 하나님께서 다양한 분량의 은혜를 각자 다른 영역에서 영향력을 가진 지도자들에게 주신 것에는 의문의 여지가 없다. 모든 시기의 문제는 그 지도자들이 서로의 주어진 은혜와 영역을 비교했을 때 시작된다. 하나님의 용사들이 연합했을 때, 그들이 서로의 은혜의 분량을 인지하고 존중할 수 있는지가 핵심 질문이다.

'은혜의 분량'이란 표현을 이해하기 위해서는 신약성경에 나오는 '은혜'의 두 가지 뚜렷한 정의를 이해해야 한다. 첫째, '은혜'는 흔히 "받을 자격이 없는 총애/공로 없이 얻은 총애"라고 정의된다. 이 점에서 '은혜'는 우리의 노력과는 전혀 무관한 믿음으로 인한 것으로서, 구원을 허락하신 하나님의 자비하심을 표현하기 위해 사용된다(엡 2:8 참조). 이것은 '구원의 은혜'로도 표현된다.

성경에 나오는 '은혜'의 두 번째 의미는 성령을 통해 하나님의 뜻을 이루기 위해 그분의 능력을 성도에게 부어주심을 뜻한다. 바울은 이 '능력을 부어주시는 은혜'를 염두에 두고 다음과 같이 말했다. "그러나 나의 나 된 것은 하나님의 은혜로 된 것이니 내게 주신 그의 은혜가 헛되지 아니하여 내가 모든 사도보다 더 많이 수고하였으나 내가 아니요 오직 나와 함께하신 하나님의 은혜로라"(고전 15:10). '은혜'의 이 두 번째 의미(부여해 주시는 능력)가 바로 우리가 이 장에서 가리켜 말하는 "은혜의 분량"이다.

다양한 분량의 은혜

어떤 지역에서 온 한 무리의 목사들이 모였을 때, 정말 놀라운 상호작용이 동시 다발적으로 폭발하는 것을 볼 수 있다. 모두가 서로를 살펴보고 있다. 어떤 이들은 내가 묘사하는 것 이상이고 몇몇은 그렇지 않다. 목회자들이 직접적으로 묻는 일은 흔하지 않지만 그들이 사실상 서로에 대해 알고 싶은 것은 하나다. "당신의 사역에 얼마나 많은 사람들이 참석하며, 그 사역의 영향력은 얼마나 큽니까?" 이 질문과 다른 여러 질문의 대답들을 통해서 한자리에 모인 지도자들은 교계에서 누가 얼마나 영향력이 큰지 알 수 있다.

내가 너무 부정적이라고 생각하지 않길 바란다. 나는 그저 주님께서 내 마음에 보여주신 것을 솔직하게 이야기하는 것이다. 그리고 나는 이렇게 생각하는 사람이 나뿐이라고 생각하지 않는다. 주님은 내가 스스로를 다른 목회자들과 비교하며 '평등', '월등' 또는 '열등'하다고 생각하는 습성을 매우 강경하게 다루셨다. 이렇듯 내가 내 영 가운데 있는 이런 생각을 보았을 때, 나는 주님 앞에서 진정으로 회개해야 했다.

우리 모두 알고 있는 사실지만 이 책의 목적을 위해 다시 한 번 하나님 나라에 서열이란 없다는 것을 확립하자. 누구보다 잘나거나 못난 자는 없다. 우리는 모두 하나님 보좌 앞에 그의 자녀로서 평등한 가치를 갖고 있으며 존귀하다. 우리는 그분으로부터 평등하게 사랑받으며 소중히 여겨진다.

그러나 우리의 삶 위에는 다양한 분량의 은혜가 있다. 어떤 이들은 하나님으로부터 더 많은 은혜를 가졌다(나에게는 묻지 마십시오. 그분께 물으십시오). 그분은 다양한 분량의 은혜를 그분의 지도자들에게 부어주셨다. 그분의 아들, 예수 그리스도에게는 분량의 제한 없이 성령의 기름부음을 주셨다. "하나님의 보내신 이는 하나님의 말씀을 하나니 이는 하나님이 성령을 한량없이 주심이니라"(요 3:34). 우리에게는 특정한 분량의 은혜를 주셨다. "우리 각 사람에게 그리스도의 선물의 분량대로 은혜를 주셨나니"(엡 4:7).

누군가의 은혜를 인지하는 것

그리스도의 지체로서 사역자들과의 관계에서 시기심을 극복하게 된다면, 우리가 배워야 할 한 가지는 다른 사역자의 삶에 놓인 하나님의 은혜를 인지하는 법이다.

바울은 예루살렘의 사도들과의 관계에 대해 서신서에 적으며, 바로 이 관계의 역동성을 언급했다. 그들이 처음 만났을 때 사도들은 사도 바울을 주시하며 그의 부르심과 변화의 진위를 평가했다. 바울은 이 만남을 이렇게 묘사했다 "또 내게 주신 은혜를 알므로 기둥 같이 여기는 야고보와 게바와 요한도 나와 바나바에게 교제의 악수를 하였으니 이는 우리는 이방인에게로, 저희는 할례자에게로 가게 하려 함이라"(갈 2:9). 야고보와 베드로와 요한은 바울의 삶 가운데 있는 은혜를 알기 위해 꽤 오랜 시간을 함께 보냈다. 그들은 바울과 나눔을 가지며 그들의 마음이 바울의 마음에 있는 것과 똑같은 불로 타고 있음을 깨달았고, 바울에게 부어진 은혜의 진가를 알아볼 수 있었다. 그 은혜를 확인한 후 그들은 동역자로서 오른 손을 내밀어 바울을 그의 사역 영역으로 파송할 수 있었다. 사도들 가운데의 교제(또는 동역자로서 오른 손을 내미는 것)는 각자 부여받은 은혜를 지각함으로써 흘러나왔다.

유럽에서 제법 큰 교회를 목회하는 목사인 나의 친구 중 한 명에게 그의 도시에 있는 교회들 간의 연합에 대해 물은 적이 있다. 흔히 그렇듯이 여행 중 그런 질문을 했을 때 그의 반응은 그다지 고무적이지 않았다. 그의 사역의 흥미로운 역동성 중 하나는 하나님께서 그의 교회를 급속도로 성장시키셔서 그 주위에서 가장 큰 복음주의 교회가 되었다는 것이다. 다른 비슷한 교회들은 상당히 작았고, 이로 인해 그 도시의 다른 목사들의 마음에는 시기심이 차올랐다. 그러니 그 도시의 형제들 간 영적 상태는 연합과는 거리가 멀었다. 우리가 이런 이야기를 나누고 있었을 때 그

친구는 매우 인상적인 주장을 했다. 그는 이렇게 말했다. "한 도시의 지도자들이 연합하기 위해서는 각자에게 주어진 하나님의 은혜를 인지할 의지가 있어야 하지. 그런데 그게 전부가 아니라네. 바로 그들 각자에게 주어진 하나님의 은혜의 분량을 인지할 의지가 있어야 한다네."

사도들은 단순히 바울의 삶에 있는 은혜만을 본 것이 아니다. 그들은 그의 삶에 있는 은혜의 분량을 알아보았다. 그들이 바울에게 주어진 은혜의 분량을 인지했을 때, 그들은 큰 문제 없이 바울을 형제로 인정했고 동역자로서 오른 손을 내밀어 그를 이방인들에게 파송했다. 다시 말해, 바울 삶 가운데 있는 은혜의 분량을 인정하는 것이 그들로 하여금 연합할 수 있도록 힘을 실어 주었다는 것이다.

한 사람의 삶에 부어지는 은혜의 분량은 하나님이 주권적으로 정하신다. "요한이 대답하여 가로되 만일 하늘에서 주신 바 아니면 사람이 아무것도 받을 수 없느니라"(요 3:27). 하나님이 그의 종에게 은사를 주시기로 정할 때, 우리 누구에게도 그 은사를 시기하거나 그것을 질문할 권한이 없다. 여러 사람에게 주어진 은혜의 분량을 두고 시기와 경쟁이 존재할 때 우리는 연합할 수 없다. 우리 마음 가운데 이런 문제들을 맹렬히 다루어 해결할 때까지 하나님은 연합의 축복을 허락하지 않으신다(시편 133

편 참조).

  다른 목회자 또는 교회나 사역단체 지도자의 삶에 허락된 은혜의 분량을 인정할 때 우리는 시기를 정복하기 위한 큰 발걸음을 내딛는 것이다. 왜냐하면 그들 삶의 은혜가 그들이 세운 공으로 인한 것이 아니라 하나님께로부터 부여받은 것임을 인식했기 때문이다. 그것은 하나님의 주권적 결정에 의한 것이었다. 그들이 그것을 합당하게 받을 자격이 있어 받은 것이 아니다. 그리스도의 선물인 것이고, 우리는 그것을 감사하는 마음으로 받아들여야 한다.

  하나님으로부터 온 모든 것을 존중해야 한다. 다른 사람이 하나님께로부터 무언가를 부여받음을 인식했을 때, 나는 그것을 존중하고 공경하며 그 사람의 삶 가운데, 또한 그 삶을 통해 하나님이 행하시는 일들의 진정성을 보호해야 한다. 하나님이 요한에게 주신 세례의 권한을 바리새인들이 존중하지 않았을 때, 그들은 그로 인해 극심한 어려움을 겪었다. 요한은 하늘로부터 무언가를 받았지만 그들은 그것을 거부했다. 이제 예수님이 오셨을 때, 요한이 시험받을 순서였다. 그가 예수님의 삶의 은혜를 공경할 수 있을까? 그는 시험에 통과했다. 대개 우리의 영적 사명은 하늘이 다른 지체에게 내린 것을 우리가 인지하며 공경할 수 있는 균형에 달렸다.

나의 교만은 다른 이에게 더 많은 분량의 은혜가 내려진 사실을 인정하고 싶지 않아 한다. 사실상 시기의 뿌리는 교만에 있다. 나보다 큰 영향력을 가진 자를 대면했을 때, 나의 육신은 온갖 괴이한 태도로 반응한다. "저 사람의 삶에는 하나님의 더 크신 은혜가 있다"고 말하기 위해서는 굉장히 넓은 마음이 필요하다.

더 큰 은혜를 가진 자들을 승복하기 위해서는 육신의 문제들을 해결해야 한다. 이 점에서 바나바와 바울의 관계는 매우 흥미롭다. 이 둘이 같이 사역을 시작했을 때 바나바는 큰 형이었고 바울은 동생과 같았다. 바나바는 지도자였고 바울은 조수였다. 그러나 바나바보다 바울에게 더 큰 은혜가 있었다. 이것은 그들이 함께 사역하며 여행하는 중에 금방 확연해졌다. 오래 지나지 않아 바울은 리더십의 자리에 올랐고 바나바가 조수가 되었다. 이 얼마나 감당하기 어려운 변환인가!

그리고 그들 사이에 의견 차이가 생겼을 때 모든 것이 벌어졌다. 바나바는 마가라 하는 요한을 선교여행에 데려가려 했으나 바울이 반대했다. 바나바가 바울의 지위 아래에서 사역을 시작했다면 이 모든 것이 달라졌을 것이다. 그러나 그는 바울의 윗사람으로 사역을 시작했다. 그들의 관계가 변화한 방향 때문에 바나바는 바울의 리더십에 순순히 따를 수 없었다. 그가 바울의 리더십을 받아들일 수 없음은 그 둘이 서로 다른 길을 택해 두 개의 개별적인 사역을 해야 함을 뜻했다. 사실은 이것이 하나님이 의도하신 바다.

그러나 결과적으로 우리는 신약성경에서 바나바의 사역, 그 사역의 성격이나 효율성에 대해 다시는 듣지 못하게 되었다. 그럼에도 하나님께서 바나바를 위대하게 사용하셨을 것이라는 데에는 의심의 여지가 없다. 그러나 성령님은 더 많은 은혜를 부여하신 그릇(바울)을 사용하여 성취하신 위대한 업적의 연대기를 기록하도록 하셨다. 이렇듯 당신은 바울과 함께하며 그와 같은 파도를 탈 것인지 중간에 다른 길을 선택할 것인지 결정해야 한다. 이 또한 하나님께서는 기꺼이 용인하신다.

사역의 영역

다음 원칙은 매우 중요하다. 지도자의 삶 가운데 은혜의 분량은 그의 영역의 크기를 좌우한다. '영역'은 한 사람의 권위와 영향력의 규모를 의미하는 매우 중요한 단어다. 하나님께서는 우리 모두에게 은혜를 주신다. 우리가 신실하게 그 은혜를 이행하는 방식이 우리 사역의 규모를 좌우한다.

바울의 삶에 함께하는 은혜의 분량이 그의 영역을 좌우했다.

¹³그러나 우리는 분량 밖의 자랑을 하지 않고 오직 하나님이 우리에게 분량으로 나눠주신 그 분량의 한계를 따라 하노니 곧 너희에게까지 이른 것이라 ¹⁴우리가 너희에게 미치지 못할 자로서 스스로 지나쳐 나아간 것이 아니요 그리스도의 복음으로 너희에게까지 이른 것이라 ¹⁵우리는 남의 수고를 가지고 분량 밖에 자랑하는 것이 아니라 오직 너희 믿음이 더할수록 우리의 한계를 따라 너희 가운데서 더욱 위대하여지기를 바라노라. (고후 10:13-15)

하나님께서는 고린도의 성도들을 사역하기 위한 은혜를 바울에게 주셨다. 그리고 은혜 안에서 유지해 온 그들의 연대관계 덕분에 그들은 바울의 권위와 사역의 영역에 속하는 것이 자연스러웠다.

하나님의 종들에게는 각자 그들의 은혜의 분량에 합당하고 그들이 일할 수 있는 정도가 꼭 들어맞는 사역의 영역이 있다. 바울은 그의 삶 가운데 하나님의 은혜가 그에게 일할 힘을 실어주었기에 그토록 열렬하게 일하는 것이 가능했다고 시인했다. "그러나 나의 나 된 것은 하나님의 은혜로 된 것이니 내게 주신 그의 은혜가 헛되지 아니하여 내가 모든 사도보다 더 많이 수고하였으나 내가 아니요 오직 나와 함께하신 하나님의 은혜로라"(고전 15:10). 그러므로 한 사람의 사역의 영역과 영향력은 그의 삶의 은혜에 맞게 그가 신실하게 사역할 때 같이 성장한다.

다른 지체의 삶에 있는 은혜의 분량을 제대로 분별할 때, 우리는 하나님께서 그 지체에게 부여하신 사역의 영역을 존중할 수 있다. 영역이란 것은 영향력과 권위의 수평적 넓이에 관한 것이다. 수직적 서열이 아니라 수평적 영향이다. 하나의 조약돌이 연못에 떨어졌을 때 연못이 클수록 그 파급효과 또한 크다. 그 파급효과는 한 사람의 영역으로 비유할 수 있다. 하나님은 각 지체에게 그들만의 파급효과(영역)를 주신다. 몇몇 하나님의 종들은 다른 지체보다 큰 파급효과를 창출해 낸다. 그들 삶의 기름부음과 은혜로 그들은 하나님의 성도들에게 더 깊고 오래가는 파장을 남긴다. 몇몇은 한 구역에 축복이 될 것이고, 몇몇은 교회에 축복이 될 것이며, 몇몇은 교회를 흔들 것이고, 몇몇은 도시를 흔들 것이며, 몇몇은 나라를 흔들 것이고, 몇몇은 열방을 흔들 것이다. 이 모든 것은 그릇의 은혜의 분량에 관한 것이다. 은혜의 분량이 사역의 파장 정도를 정한다. 그리고 연이어 해당 영역 안에서 인정받고 존중받는 지도자의 영향력과 권위를 창조한다.

영역이란 한 집단이나 종교체계 안에서의 지위와는 관계가 없다. 예수님은 이 땅에서 사역하시며 교계 안에 자리를 잡지 않으셨지만, 그의 사역의 영역을 막을 수 있는 것은 없었다. 어떤 인간적인 직함이 당신의 영역을 넓힐 수는 없다. 반면에 사람들의 낮은 인지도도 당신의 영역을 축소시킬 수 없다. 그 누구도 당신의 영역을 제한할 수 없다! 그것은 하나님께로부터 온 것이고, 당신의 것이디! 그리고 시간이 지나면서 변하고 성장할 수 있다. 우리가 하나님의 은혜와 협조할 때, 그분은 우리를 더 위대한 사역의 영역으로 진출시키신다. 또한 우리가 경솔하게 걷는다면, 그분은 우리 영역 선을 후퇴시켜 그을 수도 있다.

그리스도의 교회가 저지르기 쉬운 치명적 실수 중 하나는 바로 내가 타인을 더 넓은 영역으로 넓혀가도록 허용하고 존중하면 내 영향력의 영역이 좁아진다는 가정을 믿는 것이다. 이것은 거짓된 사고일 뿐만 아니라 그리스도의 교회 안에 시기의 끔찍한 조류를 생성한다. '나의 영역을 지키기 위해서는 네 영역을 제한하거나 부정해야 한다'는 말은 거짓이다. 바울은 성도들에게 "우리는 남의 수고를 가지고 분량 밖에 자랑하는 것이 아니라 오직 너희 믿음이 더할수록 우리의 한계를 따라 너희 가운데서 더욱 위대하여지기를 바라노라"(고후 10:15)고 했다. 그가 말하는 것은 이것이다. "너희가 이것을 믿음으로써 너희의 믿음을 확장시킨다면, 너희는 너희를 넘어 우리의 영역까지 넓어지는 유익을 맛볼 것이다. 우리가 영향력의 영역을 너희 위에 넓히는 것이 너희에게 손실이라고 생각할 수 있겠지만 실제로 너희는 큰 이익을 얻을 것이다. 너희를 위해 우리의 영역을 넓히는 것을 허용함으로써, 너희 가운데 우리의 사도적 사역이 너희가 전에는 혼자서 생산할 수 없었던 위대한 사역의 기회를 열도록 하는 길을 닦게 될 것이다."

우리가 서로를 서로의 영역에 풀어줄 때 언제나 최상의 이득을 얻게 된다. 그렇다. 우리가 서로의 풍성함을 응원할 때 말이다! 우리는 우리의 연못 안에서 낼 수 있는 파급효과가 제한적이라고 생각하는 경향이 있다. 그러나 진실은 우리가 연못에 있지 않다는 것이다. 우리는 범세계적 심적 고통의 바다 위에 있다. 우리의 인간적 필요의 바다는 무궁무진하다. 때문에 우리 모두의 영향력과 축복이 전력을 다해 닿을 여지는 충분하다. 유감스럽게도 몇몇 지도자들의 불안함 때문에 그들은 자신들이 연못에 있다는 듯이, 또한 그들이 영향을 끼칠 수 있는 공간이 제한적이라는 가정 아래 사역한다. 이런 지도자들의 사역의 영향력은 언제나 제한을 받는다.

10, 100, 1000에게 영향을 끼치다

영역의 원칙을 다룬 또 다른 성경의 비유를 살펴보면, 이스라엘을 10, 100, 1000개의 무리로 나누는 장면을 들 수 있다. 모세가 홀로 과하게 일하는 모습을 보고 그의 장인 이드로가 조언했다.

그대는 또 온 백성 가운데서 재덕이 겸전한 자 곧 하나님을 두려워하며 진실무망하며 불의한 이를 미워하는 자를 빼서 백성 위에 세워 천부장과 백부장과 오십부장과 십부장을 삼아. (출 18:21)

그렇게 몇몇 지도자들이 몇 십 명에 달하는 무리로 이루어진 그들만의 영역을 갖게 되었고, 또 다른 지도자들은 몇 천에 달하는 무리의 영역을 갖게 되었다. 다윗 역시 이와 같은 원칙을 채택했다. "이에 다윗이 그 함께한 백성을 계수하고 천부장과 백부장을 그 위에 세우고"(삼하 18:1). 다윗은 그의 장군들에게 다른 이들보다 큰 영역을 맡게 했다.

다윗의 자손은 오늘도 어떤 이들보다 다른 이들에게 더 큰 영역을 부여한다. 분별력 있는 자들은 알아본다. 이스라엘의 여인들은 하나님께서 사울 왕에게 준 것과 다윗에게 준 것의 차이를 볼 수 있었다. 그래서 다윗과 그의 용사들이 블레셋 군과의 전투에서 돌아왔을 때 노래로 다윗의 더 큰 영역을 찬양했다.

7여인들이 뛰놀며 창화하여 가로되 사울의 죽인 자는 천천이요 다윗은 만만이로다 한지라 8사울이 이 말에 불쾌하여 심히 노하여 가로되 다윗에게는 만만을 돌리고 내게는 천천만 돌리니 그의 더 얻을 것이 나라밖에 무엇이냐 하고 9그날 후로 사울이 다윗을 주목하였더

라. (삼상 18:7-9)

다윗과 사울 모두 하나님의 기름부음을 받았다. 그러나 이 여인들은 다윗의 삶에 부여된 기름부음이 더 위대한 것을 분별할 수 있었다. 그래서 다윗은 '만만'의 영역을 부여받았고 사울은 '천천'의 영역을 받았다고 노래했다. 다윗의 더 위대한 영역은 사울이 멸하지 못했던 블레셋 군의 거인을 멸한 능력으로 증명되었다. 그들이 다윗의 위대한 영역을 정확히 알아봤을 때, 사울의 마음 가운데 (불안감에서 기인한) 시기심이 폭발했다. 이것은 이후 그가 죽을 때까지 안고 간 시기심이었다.

사울은 다윗을 자신의 영역 안으로 수용하면 자신의 영역이 위협받고 위태로워질 것이라고 믿었다. 왕좌에는 한번에 단 한 명만이 앉을 수 있다는 생각의 연장선에서 사울은 왕좌와 영역을 같은 것으로 여겼다. 그렇게 왕좌와 영역을 동일시함으로써 그는 다윗을 왕좌를 사이에 둔 경쟁상대로 생각했다. 그는 왕좌를 누리며 다윗을 하나님 안에서 그의 영역 안으로 온전히 풀어줄 수 있다는 것을 깨닫지 못했다. 사울에게 자기 정체성의 확고함이 있었다면 그는 자신보다 더 큰 영역을 가진 청년의 아비 역할을 했을 것이다. 그는 영적 아버지로서 흥미진진한 경험을 할 기회를 잃었다.

자신의 영역을 정확히 분별하는 것

다른 이의 영역을 인지하기 전에 먼저 우리는 자신의 영역을 정확히 분별해 인지하는 은혜를 길러야 한다. 그래야만 타인의 영역과 우리 자신을 결부시킬 수 있다. 야고보와 게바와 요한이 바울의 영역 안에서 자유롭게 결부될 수 있었던 것처럼 말이다. 그들은 그들만의 영역을 인지했고, 그렇기 때문에 바울의 영역을 존중할 수 있었다.

이때 몇 가지 질문이 떠오른다. 나는 주님의 군대 안에서 겸손한 성도인가? 나는 열 사람을 지위하는 지도자인가? 수백? 수천? 또는 (다윗과 같이) 만만을 인도하는 자인가? 나는 그리스도의 교회 안에서 내 영역을 정확하게 평가할 수 있는 확고한 정체성과 지혜를 갖고 있는가? (적어도 현재 우리의 영역이 증가하거나 감소할 수 있다는 전제를 의식하면서 말이다.) 스스로 자기평가를 냉철하고 정확하게 할 수 있을 때 나는 다른 이의 은혜의 분량을 인지하고 알아볼 수 있다. 다르게 말해, 내가 내 삶에 허락된 은혜에 대한 진실을 모른다면, 스스로 속이는 그만큼 타인의 삶 가운데 있는 은혜를 정확하게 알아볼 수 있는 능력을 상실한다.

나와 내 아내가 자녀들에게 심어주려고 노력한 미덕 중 하나는 그들이 스스로의 장점과 단점을 정확하게 평가할 수 있는 능력이었다. 예를 들어, 한 아이가 실제보다 자신의 농구실력이 뛰어나다고 과대평가하며 환상을 품을 때 우리는 그가 현실을 받아들일 수 있도록 돕는다. 그리고 아이들의 불안감이 그들의 잠재된 가능성을 제지하려 할 때 우리는 그들에게 확신을 가지도록 격려했다. "너는 할 수 있어!"

우리는 그들이 자신의 능력과 은사에 대해 참된 평가를 내릴 수 있는 능력을 가지기를 원한다. 우리는 다른 부모들이 그들의 자녀가 이러한 부분들에서 과하지도 결핍되지도 않게 올바른 균형을 잡도록 돕지 못하고 오히려 자녀들이 좌절하도록 방치하는 모습을 봐왔다. 만약 우리의 자녀들이 스스로를 정확하게 평가할 수 있다면, 아마도 그들은 그들만의 영역과 그리스도의 지체들의 영역을 인지할 수 있는 은혜 안에서 성장할 수 있을 것이다.

부모가 자녀를 정확하게 자기평가를 하도록 가르치듯이, 우리가 편향되고 과장된 자기평가로부터 빠져나올 수 있도록 해주는 솔직하고 의리 있고 신실한 친구들의 견해와 지혜로운 조언이 필요하다. 수많은 지도자들이 그들을 사랑으로 고쳐주려는 노력과 피드백에 겸손히 순응했더라면 난파를 면했을 수 있었다.

로마서 12:3 말씀은 우리를 스스로 지나치게 높게 생각하지 말고 지나치게 겸손하게도 여기지 않도록 충고한다. "내게 주신 은혜로 말미암아 너희 중 각 사람에게 말하노니 마땅히 생각할 그 이상의 생각을 품지 말고 오직 하나님께서 각 사람에게 나눠주신 믿음의 분량대로 지혜롭게 생각하라."

"지혜롭게 생각하라"는 스스로를 지나치게 작게 여기지 않을 필요성도 포함한다. 그것 또한 믿음에 의하지 않기 때문이다. 바울은 기본적으로 이렇게 말하고 있다. "너희의 은사와, 은혜의 분량과, 사역의 영역을 겸손하지만 믿음에서 비롯된 자기평가를 정확히 할 수 있도록 하나님의 은혜의 도우심을 받아라."

나는 정확한 자기평가를 하지 못하고 거듭해 넘어지는 교회의 지도자들을 안다. 그들은 자신의 약점이 자신을 방해하고 있는 것을 보지 못한다. 그래서 주위 사람들이 그의 약점을 보완하고 도움을 줄 수 있도록 허용하는 것을 배우지 못한다. 따라서 그들의 영역은 거듭해 자신의 정체적 불안감과 해결하지 못한 난점으로부터 제재를 받는다.

우리의 영역에 대한 정확한 자기평가는 자유로운 영으로 형제, 자매와 공감할 수 있는 힘을 실어준다. 우리보다 영역이 넓거나 혹은 작은 자들과 함께 열린 마음으로 자유롭게 공감할 수 있도록 한다. 이럴 때 시기심은 쪼그라든다. 내 삶 가운데 하나님의 부르심과 그분의 선하심을 알기 때문에 나는 당신의 삶 가운데 그분의 부르심과 선하심을 기념하며 축하할 수 있다!

경쟁자가 없는 그곳

바울에게는 거대한 열정을 가지고 달려갈 원대한 목적이 있었다. 그리스도를 아는 지식을 추구하는 것이었다. 그는 자신이 달려가던 그 길이 다른 성도들과 대결하는 것이 아닌 자기 앞에 놓인 하나님의 부르심의 기준을 푯대로 삼아 달려가는 것임을 깨달았다.

> 13형제들아 나는 아직 내가 잡은 줄로 여기지 아니하고 오직 한 일 즉 뒤에 있는 것은 잊어버리고 앞에 있는 것을 잡으려고 14푯대를 향하여 그리스도 예수 안에서 하나님이 위에서 부르신 부름의 상을 위하여 좇아가노라. (빌 3:13-14)

당신의 마음을 경쟁자가 없는 곳에 두기를 바란다.

이것을 어떻게 성취할 수 있을까? 나는 "위엣 것을 생각하고 땅엣 것을 생각지 말라"는 골로새서 3:2 말씀이 그 해답을 가리킨다고 믿는다. 당신 삶의 목표를 정할 때 하늘의 관점에서 생각하기 바란다. 이와 대조적으로 우리는 흔히 목표를 정할 때 이 땅의 관점으로 표현하도록 배웠다.

- 내 목표는 내 사역이 1년 안에 두 배 증가하는 것이다.
- 내 목표는 내 구역이 5년 안에 세 배 증가하는 것이다.
- 내 목표는 서른 살쯤 되었을 때 박사학위를 받는 것이다.
- 내 목표는 이 지역 안에 새로운 교회를 개척하는 것이다.
- 내 목표는 내년쯤엔 지금보다 두 배 더 많은 선교사들을 후원하는 것이다.

위 목표들은 모두 훌륭하다. 그리고 모두 이 땅에서 타인과 경쟁하게 되는 목표들이다. 형제들과 경쟁할 여지가 있는 곳에는 언제나 시기심과 이기심의 자리가 있다. 반면에 경쟁자가 없는 하늘의 목표를 추구한다면 어떻게 될까?

- 내 목표는 어린양의 혼인잔치에 초대받았을 때 초청한 이가 말석에 앉아 있는 내게 '벗이여 올라앉으라' 하고 말하는 것을 듣는 것이다.
- 내 목표는 심판의 날 그리스도의 심판대에 올라 금과 은과 보석을 그분 앞에 드리는 것이다.
- 내 목표는 하늘에서 널리 알려지는 것이다.
- 내 목표는 그리스도 앞에 섰을 때 흠 없고 영광의 광채로 빛나며 하나님 앞에 큰 자가 되는 것이다.

- 내 목표는 하나님 보좌 앞에 다른 영혼들과 함께 서서 그들에 대해 그리스도께 이렇게 말하는 것이다. "주님, 제가 주님이 주신 자녀들과 함께 여기 있습니다."
- 내 목표는 이 말을 듣는 것이다. "잘하였도다, 착하고 충성된 종아."

우리는 이와 같은 목표를 정하고 살아가야 한다. 요셉이나 바울과 같이 옥에 갇힌다 해도 우리는 목표를 계속 좇을 수 있다. 바울이 "위엣 것을 생각하고 땅엣 것을 생각지 말라"고 썼을 때, 나는 그가 이렇게 이야기하고자 했던 것이라고 생각한다. "너희의 사랑하는 것과 꿈과 목표와 내적 열망을 위엣 것에 두라."

우리의 내적 갈망들이 누구도 훼방하거나 경쟁할 수 없는 '위엣 것'에 있으면 우리의 마음은 시기심의 유혹에서 놀라울 정도로 자유로울 것이다.

Chapter 8
시기심 우회로: 사망 혹은 사명

하나님께서 특정한 개인 또는 사역을 축복하기 원하실 때,
시기심을 최소화하기 위해 그들을 고된
우회로를 통해 약속의 땅으로 인도하신다.

중요한 볼 일이 있어 급하게 운전할 때 심장이 덜컹 하는 순간 중 하나는 우회로 표지판을 봤을 때일 것이다. 아마도 속으로 "아, 안 돼!" 할지 모른다. 우회하는 것을 좋아할 사람은 없을 것이라고 생각한다. 그러나 내가 하나님에 대하여 발견한 것이 있다. 그분은 돌아서 가게 하시는 분이다. 그분이 우리를 먼 길로 우회해 인도하실 때에는 언제나 목적이 있다. 비록 그 당시에는 우리가 그 목적을 보지 못하더라도 말이다.

이 진실은 이스라엘의 광야 여정을 통해 아주 강력하게 묘사되어 있다. 우리는 하나님의 목적 아래 매우 전략적인 그들의 여정을 지켜보며 배울 것이 있다.

이스라엘의 40년 동안의 광야 생활은 마침내 끝을 맞았고, 이제 가나안 땅에 전진해 들어갈 시기가 왔다. 그래서 모세는 에돔

왕에게 에돔 영토를 통과해 지나가기를 청했다. 에돔은 에서 자손의 민족이자 나라였다. 에돔은 이스라엘의 형제였다. 그러나 야곱이 에서를 속인 것 때문에 에돔 족속은 이스라엘 백성에게 쓴 뿌리를 가지고 있었다. 간단히 말해, 에돔은 이스라엘을 시기했다. 모세가 에돔의 영토를 통과하고자 요청하자 에돔은 즉시 거절했다. 그래서 이스라엘 백성은 에돔의 서쪽 경계선을 따라 계속해서 북쪽으로 향했다(민 20:14-21 참조).

이스라엘 백성은 사해의 바로 남쪽으로 나아갔고, 그곳에서 가나안 왕 중 한 명인 아랏 왕으로부터 기습공격을 받았다. 몇몇이 포로로 잡혀갔다. 이스라엘 백성은 하나님께 기도한 후 가나안의 아랏 왕을 쳤고, 승리를 거두었을 뿐만 아니라 그들과 그들의 도시를 완전히 멸했다. 전투 장소는 호르마라는 곳이었다(민 21:1-3 참조). 호르마는 긴 우회로를 들어서기 전에 거둔 이른 승리를 뜻한다.

많은 사람들이 알지 못하지만 이스라엘이 가나안 땅에 들어간 후 다다른 첫 도착지는 여리고가 아니었다. 가나안 땅에서 그들의 첫 승리는 사실상 호르마였다. 그들은 가나안 땅에 침투해 예루살렘에서 약 60킬로미터 떨어진 호르마에까지 이르렀다.

이렇게 우세한 분위기에서 그들의 유업인 가나안이 그들 눈 앞에 있었다. 문은 활짝 열려 있었다. 그들이 해야 할 것은 북쪽으로 전진하는 것뿐이었다. 그러나 그다음 발걸음을 내딛기 전, 그들은 멈춰 하나님의 인도하심을 구했다. "주님, 우리가 다음으로 가나안의 어느 도시를 정복해야 하나요?"

그분의 대답은 그들을 충격에 빠트렸다. "뒤로 돌아 가나안 땅 밖으로 후퇴하여 홍해로 돌아가라. 그리고 에돔의 동쪽 경계를 따라 돌아서 가라."

그들이 이렇게 생각하는 것을 상상할 수 있다. "주님, 농담이시죠? 우리는 가나안 땅에 와 있습니다! 이곳이 저희의 약속의 땅입니다! 어째서 이대로 쭉 전진하면 안 되는 거죠? 왜 우리에게 다시 홍해까지 돌아가라고 하십니까? 왜 그러십니까!" 그러나 모세가 받은 주님의 지시는 매우 분명했다. 이스라엘 백성들은 뒤로 돌아 다시 홍해로 향했다(민 21:4 참조). 그들은 에돔의 남쪽 경계를 돌아 다시 북향해 동쪽 경계를 따라갔다. 이 모든 과정으로 인해 그들은 에돔의 영토를 통과할 필요가 없었다. 엄청난 우회였다! (지도의 화살표를 따라가 보면 그들의 행로를 볼 수 있다.)

이스라엘과 에돔

우회해야만 했던 이유는 한 마디로 에돔 때문이었다. 에돔은

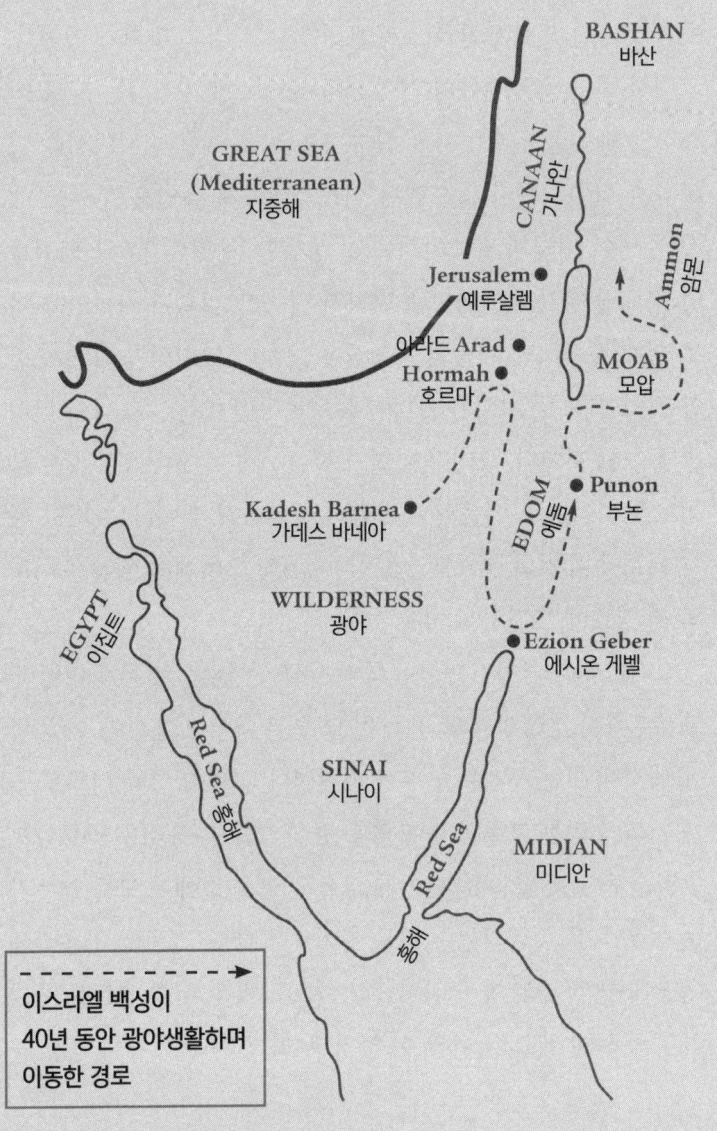

옛적부터 그의 형제인 이스라엘을 향해 시기의 뿌리가 있었다. 그래서 하나님은 에돔의 시기심에 올바르게 대처하는 길로 이스라엘 백성을 인도하셔야 했다. 하나님은 에돔의 시기심을 과도하게 악화시키지 않으면서 이스라엘에게 유업을 주어야 했다. 주님이 이렇게 말씀하시는 걸 상상할 수 있다. "지금 너희를 먼 길로 돌아가게 한다고 불평하지 말거라. 너희가 가나안을 너무 쉽게 정복하면 에돔의 시기심은 넘쳐나 너희의 승리에 도전할 것이다. 지금 너희가 가나안을 정복하면 에돔은 돌아와 너희를 공격할 것이다. 그러나 너희가 신실하게 이 우여곡절 많은 우회로를 따라가면 에돔의 시기심은 사그라질 것이다. 그리고 내가 너희를 유업의 땅으로 인도할 때 너희의 형제인 에돔은 너희의 새 영토에 도전하지 않을 것이다."

그러나 하나님께서는 에돔의 시기심만 다루신 것이 아니었다. 그분은 이스라엘의 야망 가득 찬 영 또한 다루고 계셨다. 아랏 왕에 대적해 거둔 승리는 엄청난 쾌거였다. 그리고 그때 너무도 쉽게 거둔 승리는 그들의 눈에 불을 켰다. 그들은 승리를 맛보았고 그것은 굉장히 달콤했다! 이제 그들은 그들 앞에서 모든 영토가 눈 녹듯 녹을 것이라는 비전을 갖기 시작했다. 그들의 마음속에 야망에 찬 정복의 영이 일어났다. "좋아, 에돔. 너희 영토를 통과하지 못하게 했으니 어쩔 수 없지. 우리가 가나안 땅에 곧장 들어가 너희가 똑똑히 알아야 할 우리의 병력을 보여주겠다. 형제여, 너희는 별것 아니다!" 이런 태노가 성경에 명확히 언급된 것은 아니지만 아마도 그랬을 것이라고 나는 생각한다. 왜냐하면 성공을 거둔 후 의기양양한 기분에 취하는 것은 인간의 흔한 본능이기 때문이다.

애초부터 에서(에돔)와 야곱은 쌍둥이 형제이자 경쟁자였던 것을 기억할 것이다. 에서는 그의 장자권을 음식과 맞바꿔 야곱에게 팔았고(창 25:29-34 참조), 야곱은 에서의 행세를 해서 속임수로 에서가 받을 복을 가로챘다. 에서는 아버지의 축복을 야곱에게 빼앗겼다(창 27장 참조). 에돔 족속은 이것을 잊지 않고 있었다. 에서는 자신의 삶에 내려진 축복의 부재에 대해 책임을 지는 대신 그것을 모두 야곱의 탓으로 돌렸다. 수백 년이 지난 후에도 두 나라 사이의 경쟁은 살아 있고 아직 건재하다.

에서가 하나님과의 관계에서 개인적 책임을 지지 않았기 때문에 그의 자손들은 이스라엘에게 끔찍한 죄를 범하게 되었다. 이에 대응해 하나님께서는 에돔 족속을 심판할 것이라고 선포하셨다. 에돔을 향한 이러한 하나님의 분노를 기록한 선지자 중 한 사람이 바로 성경에서 가장 짧은 서책 중 하나를 쓴 선지자 오바댜다.

오바댜서는 에서와 그의 형제인 야곱의 관계를 그리며 그들 사이의 시기를 구체적으로 폭로한다. 에서의 시기심은 그로 하여금 야곱과 그의 열조들의 언약으로부터 거리를 두게 하였다. 에돔은 한 나라가 되어 하나님 나라에 동참하지 않고 형제를 핍박하는 족속이 되었다. 시기심의 열매는 그렇게 탄로가 나 오바댜서에 그대로 기록되었고, 시기의 결과는 다음 원칙들을 확인해 준다.

- 시기는 왜곡된 생각과 이해력 상실로 이어진다. "나 여호와가 말하노라 그 날에 내가 에돔에서 지혜 있는 자를 멸하며 에서의 산에서 지각 있는 자를 멸하지 아니하겠느냐"(옵 1:8). 우리가 마음속 시기심을 제대로 다루지 않을 때, 우리의 사고방식은 뒤틀리고 우리는 착각 속에 살게 된다.
- 시기는 우리로 하여금 하나님의 목적을 대적하는 편에 서도록 한다. "네가 멀리 섰던 날 곧 이방인이 그의 재물을 늑탈하며 외국인이 그의 성문에 들어가서 예루살렘을 얻기 위하여 제비 뽑던 날에 너도 그들 중 한 사람 같았었느니라"(11절). 이렇듯 편이 갈리고 각 사람의 입장이 확립되었을 때, 에돔이 (가룟 유다가 예수님을 배신한 그날 밤처럼) 하나님의 적의 편에 서 있는 것을 확인했다.
- 시기는 타인의 고통을 기뻐하게 한다. 이것은 참으로 하나

님의 분노를 사는 일이다. "네가 형제의 날 곧 그 재앙의 날에 방관할 것이 아니며 유다 자손의 패망하는 날에 기뻐할 것이 아니며 그 고난의 날에 네가 입을 크게 벌릴 것이 아니라"(12절).

- 시기는 타인의 영역을 자신의 정당한 소유라고 믿고 그것을 강탈하게 만든다. "내 백성이 환난을 당하는 날에 네가 그 성문에 들어가지 않을 것이며 환난을 당하는 날에 네가 그 고난을 방관하지 않을 것이며 환난을 당하는 날에 네가 그 재물에 손을 대지 않을 것이며"(13절). 야곱은 에서를 속임으로써 하나님의 축복을 얻었다. 에돔은 이스라엘의 복이 본래 자신의 분깃이므로 몰수하는 것이 마땅하다고 느꼈다. 시기심은 에돔으로 하여금 잘못된 결론을 내리게 했다.

- 시기는 언제나 역효과를 낸다. "여호와의 만국을 벌할 날이 가까왔나니 너의 행한 대로 너도 받을 것인즉 너의 행한 것이 네 머리로 돌아갈 것이라"(15절). 그들이 부당한 취급을 받았다고 스스로 설득한 나머지 에돔은 이스라엘에게 앙갚음하려고 한다. 하나님의 심판으로 인해 그들은 타 족속들로부터 보복을 당하게 된다. 에돔의 행악은 그의 머리로 되돌아갔다.

- 결론적으로, 시기하는 자는 시기를 받는 자에게 그 유업을

잃는다. "남방 사람은 에서의 산을 얻을 것이며 평지 사람은 블레셋을 얻을 것이요 또 그들이 에브라임의 들과 사마리아의 들을 얻을 것이며 베냐민은 길르앗을 얻을 것이며"(19절). 에서가 야곱을 시기하며 그를 강탈했지만, 주님은 마지막에 에돔의 산이 이스라엘 백성의 영토가 될 것이라고 하셨다.

지연의 독

오바댜서에 기록된 시기에 관한 원칙들이 가리키는 의미는 매우 흥미롭다. 이제 이스라엘 백성이 에돔의 영토를 우회하는 이야기로 돌아와 하나님이 이스라엘에게 그들의 유업을 당장 주지 않고 먼저 에돔의 시기심을 다루셔야 했던 이유를 살펴볼 것이다.

에돔 족속의 땅을 우회했던 길은 사막이었고, 그곳에는 물과 식량이 없었다. 하나님이 이 같은 긴 곁길로 이스라엘 백성을 인도하셨을 때 그들은 하나님의 목적을 이해할 수 없었다. 그들은 그다지 감사하지 않았다. 그들의 불경한 태도와 상황은 이렇게 기록되어 있다.

4백성이 호르산에서 진행하여 홍해 길로 좇아 에돔 땅을 둘러 행하려 하였다가 길로 인하여 백성의 마음이 상하니라 5백성이 하나님과 모세를 향하여 원망하되 어찌하여 우리를 애굽에서 인도하여 올려서 이 광야에서 죽게 하는고 이곳에는 식물도 없고 물도 없도다 우리 마음이 이 박한 식물을 싫어하노라 하매 6여호와께서 불뱀들을 백성 중에 보내어 백성을 물게 하시므로 이스라엘 백성 중에 죽은 자가 많은지라 7백성이 모세에게 이르러 가로되 우리가 여호와와 당신을 향하여 원망하므로 범죄하였사오니 여호와께 기도하여 이 뱀들을 우리에게서 떠나게 하소서 모세가 백성을 위하여 기도하매 8여호와께서 모세에게 이르시되 불뱀을 만들어 장대 위에 달라 물린 자마다 그것을 보면 살리라 9모세가 놋뱀을 만들어 장대 위에 다니 뱀에게 물린 자마다 놋뱀을 쳐다본즉 살더라. (민 21:4-9)

하나님은 이스라엘 백성들이 계속된 지연으로 "마음이 상하여" 있는 것을 아셨다. 하나님은 그들이 실망하는 것에 언찮아하시지 않았다. 그러나 그 실망감을 표현하는 방식에 분노하셨다. 그분은 그들의 야망을 뿌리째 뽑아버리고 동시에 에돔의 시기를 처리하고자 하셨다. 그러나 이에 대한 그들의 반응은 불평하는 것이었다. 하나님은 불뱀을 그들의 진영에 보내 그들의 불평이 문자 그대로 독이 되어 그들을 죽이고 있다는 것을 보게 하셨다.

신약성경은 이 이야기에 대해 인상적인 관점을 보여주는데, 이스라엘 백성들이 불뱀에 물려 멸망한 것은 그리스도를 시험했기 때문이라고 한다(고전 10:9 참조). 그들은 우회하는 발상 자체가 미련하다고 생각했다. 이제 가나안의 풍요로운 땅에 이르렀는데 다시 질려버린 만나 외에는 물도 식물도 없는 광야로 돌아가는 자신들의 처지를 발견했다. 그들은 의심의 여지없이 이런 말을 했을 것이다. "가나안에 가는 이 경로는 정말 어리석기 그지없다. 하나님, 지금 무얼 하시는지 알기나 하세요? 아, 내가 해도 이것보다 나은 노선을 만들었을 텐데!" 그들은 공급받고 있는 만나를 멸시하고, 하나님의 지혜와 판단을 원망함으로써 그리스도를 시험했다. 그리스도는 그의 신실하심을 수없이 많이 보여주셨지만 그들은 또다시 불신에 사로잡혔다. 성급함으로 인해 그들은 그들의 혀로 하나님을 공격했다.

불뱀을 보냄으로써 하나님은 이렇게 말씀하고 계셨다. "너희가 지금 하는 일을 내가 보여주겠다. 불뱀 몇 마리를 통해 보여주겠다. 불뱀들이 혀로 너를 물고 독으로 너를 멸하려 들 것이다. 아마도 너희가 쓴 독에 의해 독살당하는 스스로를 보도록 할 수도 있을 것이다. 너희가 내게 하듯 그들이 너희를 대할 것이다. 너희는 너희의 불신의 독에 스스로 물려 속으로 죽어가고 있다."

사망 혹은 사명?

하나님의 지체하심에는 목적이 있다. 그러나 이런 지체의 기간은 우리가 특별히 더 피로하고, 연약하며, 유혹에 취약할 때다. 우리가 우리의 마음을 육신의 반응들로부터 보호하지 않으면 우리는 사상자가 될 위험이 크다.

하나님께서 당신을 긴 우회로로 인도하실 때, 당신은 치명적 독아(毒牙)에 걸려 여러 독기 품은 유혹, 즉 하나님을 향한 쓴 뿌리, 불신(이것이 항상 주된 유혹이다), 세속적 비교, 험담, 방종, 불평, 타인을 비난함, 하나님을 비난함 등에 취약해질 것이다.

이야기의 교훈은 이것이다. 모든 사람이 우회로를 견뎌내지는 못한다. 몇몇은 사상자가 된다. 생각해 보라. 당신은 홍해를 건너 아말렉 족속을 물리치고 하나님의 음성을 시내산에서 듣고 39년 동안 우여곡절의 시간을 광야에서 방황하며 보내고 살아남았다. 하나님의 심판에 의해 수천 명이 죽어갈 때 당신은 살아남았다. 이제 가나안 땅에 들어가기 직전 몇 개월의 기간만 남았는데 당신은 사상자가 되어버린다! 달려갈 길의 끝이 바로 눈앞에 있는 이 시점에서, 당신은 피로함으로 인해 열외되려고 이 먼 길을 왔는가?

유감스럽게도 하나님의 우회로 가운데 있는 많은 이들이, 하나님께서 우리 마음을 사악하게 붙잡고 있는 야망에 가득 찬 경쟁의 영을 다루려 하신다는 것을 분별하지 못한다. 많은 경우 문제가 있다는 사실조차 인식하지 못한다. 하나님은 지체함을 통해 그들의 개인적인 목적들을 좌절시키신다. 이 좌절이 야망에 찬 그들 영의 열매라는 것을 인지할까?

흥미로운 것은 그들의 적이 그들을 쓰러트리고 있는 것이 아니라는 것이다. 가나안 땅의 적을 대면했을 때 그들은 항상 승리했다. 그러나 그들은 그들의 마음 가운데 있는 문제들로 인해 산 채로 먹히고 있는 것이다.

우회 시험을 통과하는 자들은 그들의 영적 사명의 출입구를 찾을 것이다. 그러나 불신과 좌절에 굴복하는 자들은 멸망할 것이다. 거대한 성패가 달려 있다. 하나님께 감사드리는 것은 심판 중에도 그분의 자비하심이 그의 백성들 위에 강력하게 그리고 널리 뻗쳐 있어 불뱀에게 물린 자들에게도 치유하심을 공급하신다는 사실이다. 그분은 너무도 자비로우시다! 바로 여기에서 야망의 독아에 물린 자들도 하나님께서 주시는 구원과 생명의 능력 안에서 자비와 온전한 회복을 얻는다. 장대 위에 달린 놋뱀은 그리스도를 뜻한다. 오늘날 그를 보는 우리는 시기심과 야망과 경쟁심의 치명적 독으로부터 치유함을 얻는다. 그분은 정말 선하신 하나님이시다! 그분은 우리가 영광스러운 언약의 땅

정복기에 함께 참여할 수 있도록 우리에게 치유를 공급하셨다.

우회로의 목적

우회로의 이득을 요약해 보자.

1. 에돔의 시기를 다루었다. 에돔이 이스라엘 백성들이 그들의 영토를 우회하기 위해 우여곡절 많은 길을 사기가 꺾인 채 터덜터덜 걸어가는 것을 보았을 때, 시기는 동정으로 변했다. 그들은 이스라엘이 에돔의 국경선을 존중하기 위해 얼마나 많은 고통을 겪는지를 목격했다. 마침내 이스라엘이 가나안 땅을 정복했을 때, 에돔의 태도는 '갖게 놔둬라'였다.
2. 이스라엘은 애초에 기대했던 것보다 큰 유업을 얻었다. 우회한다는 것은 가나안 땅을 치기 전에 아모리 족속을 먼저 쳐서 정복하는 것을 뜻했다. 결론적으로 가나안 땅과 요단강 동쪽의 아모리 족속의 땅도 얻게 되었다. 우회하지 않았다면 이스라엘은 그 족속들을 침략할 도전조차 하지 않았을 것이다. 그 당시에는 그렇게 느껴지지 않았지만 하나님께서는 우회함을 통해 당신이 그들의 편에 서 있다는 것을

보여주셨다.
3. 이스라엘의 야망을 다루었다. 에돔이 이스라엘을 시기했다면 다른 한편으로 이스라엘은 에돔을 향해 경쟁적인 영을 가졌다고 말할 수도 있다. 에돔의 국경을 둘러서 가는 것은 그들의 마음의 야망을 수면으로 떠오르게 했다. 하나님은 정교한 수를 통해서 이 오래된 경쟁구도를 겨냥하신 것이다.

상대적으로 적은 유산을 받은 형제는 언제나 더 큰 유산을 받은 형제를 시기할 것이다. 더 많은 유산을 받은 형제는 적은 유산을 받은 형제를 언제나 경쟁의 영을 갖고 대할 것이다. 사실 우리는 삶 가운데 이 두 가지 태도를 모두 다루어야 한다. 우리 모두 우리 안에 에돔과 이스라엘을 조금씩 가지고 있다. 우리는 우리 위로 승격된 이들을 향한 시기심을 다루어야 하며, 우리가 타인보다 먼저 승격되었을 때 생기는 야망 또한 다루어야 한다.

오늘날과의 연관성

모압 땅의 국경을 우회해 둘러 간 이스라엘의 이야기와 불뱀의 이야기는 오늘날의 교회와 많은 관련이 있다. 이스라엘은 더 큰 유산을 받은 형제(교회/사역)를 상징하고 에돔은 적은 유사을 받은 형제(교회/사역)를 상징한다. 하나님은 우리의 유업/유산을 정하시고, 교회 사역의 지도자들에게 각각 다르게 분배하신다. 그렇다면 하나님께서 이런 교회들을 같은 지역이나 공동체 안에 두실 때 관계의 역동성은 여러 층위로 나뉘어 아주 섬세하고 복잡하게 된다.

오늘날 주님은 그분의 교회 안에서 특정 인물들(대부분 더 큰 유산을 받은 자들)을 우회시키며 지연하신다. 우리가 유산을 쉽게 얻도록 허락하지 않으시는 데에는 하나님의 목적이 있다. 하나님은 우리에게 최대한의 유산을 주어 복 주고 싶어 하신다. 그러나 그분은 오로지 우리 형제들의 시기를 해결하심으로써 그렇게 하실 수 있다. 그분은 그들이 보는 앞에서 우리의 길이 가련해 보이도록 하실 것이다. 하나님은 '더 많은 열매를 맺는 길' 자체를 절대로 선망의 대상이 되게 하지 않으신다. 그것은 언제나 값을 치루어야 하므로 시기심을 유발하지 않는다. '열매 맺음'의 정결케 되는 과정을 경외하게 한다.

바울은 이렇게 말했다. "내가 생각건대 하나님이 사도인 우리를 죽이기로 작정한 자 같이 미말에 두셨으매 우리는 세계 곧 천사와 사람에게 구경거리가 되었노라"(고전 4:9). 바울의 말은 "모두가 우리를 바라보며 하나님이 우리 가운데 어떤 일을 하시는지 의아해하고 있다! 천사들까지도 우리의 길을 보며 머리를 긁적이고 있다"는 것이다. 아마도 바울은 장대에 올려진 놋뱀과 같은 기분이었을 것이다. 사람들이 보고 비방하며 구경거리 삼고 어림짐작해서 생각하는 대상 말이다. "하나님이 저 교회에 도대체 무슨 일을 하시는 거야?" "도대체 저 사역은 어떻게 돌아가고 있는 거지?" 이것이 하나님의 목적이다. 당신을 구경거리로 만드는 것이다. 그러나 당신이 절제와 단련으로 인내하면, 어느 날 그 여정은 당신과 같은 길을 걷는 이들에게 생명과 생기를 주는 격려의 근원이 될 것이다.

나의 이야기

대부분의 목회자들은 시기심에 대해 할 이야기가 있을 것이다. 나 역시 그렇다. 내가 나의 이야기를 나누는 목적은 내 경험을 통해 이 장의 원칙들을 설명하기 위해서다.

나의 뉴욕 주의 서쪽에 위치한 작은 도시에서 목회를 시작했다. 다소 어려움을 겪고 있던 작은 교회의 목회를 맡았을 당시 나는 29세였다. 아내와 나는 어리고, 열심이었고, 성실했으며, 미숙했다. 그리고 우리는 꿈이 많았다. 부임하고 가장 처음 한 일은 그 지역에 있는 세 개의 교회 목회자들과 함께 하는 기도 모임에 합류하는 것이었다. 그러나 나는 준비가 되어 있지 않았다. 내가 직면할 모든 일들에 대해서 말이다.

내가 가장 처음 알게 된 것은 기도모임의 목회자들이 모두 우리 지역의 급성장하는 한 특정한 대형 교회에 불만이 있다는 것이었다. 사실상 이 대형 교회로 그 지역 모든 교회의 성도들이 몰려들고 있었다. 그러나 대형 교회는 성도를 잃은 목회자들과 소통하려는 그 어떤 시도조차 하지 않았다. 목회자들은 그 대형 교회를 부도덕하고 고립주의적이며 해결하지 못한 문제를 안고 있는 성도들을 은닉한다고 비난했다. 목회자 기도모임의 대화는 주로 이 대형 교회에 대한 이야기로 시작되었다. 모임은 '저들 대 우리'의 성격을 띠었고, 나는 당연히 '우리'의 편에 서기로 예정되었었다.

그 당시 나는 시기심을 정확히 분별하고 알기에는 너무 미숙했다. 그리고 모든 것이 납득이 가는 것은 아니었다. 우리 네 교회의 성도 수를 합쳐도 그 대형 교회 성도 수의 4분의 1도 되지 않았다. 그리고 내가 접한 그 대형 교회에 참석하는 한 성도의 말에 의하면, 그곳에서는 푸른 초장과 쉴 만한 물가를 찾을 수 있다고 했다. 나는 직접 가서 보기로 결정했다. 그 교회의 담임목사님을 그의 사무실에서 만나기로 약속을 잡았다.

그는 경계태세를 갖추고 나를 맞을 준비가 되어 있었다. 전에 가졌던 지역 교회 목회자들과의 면담이 불쾌했기 때문에 그는 그 때와 같은 상황을 예상하며 긴장하고 있었다. 그러나 나는 단순히 그를 만나 그의 마음속 이야기를 듣고 싶었다. 그때 첫 만남을 통해 나는 그 형제 안에 풍부한 영적 자원이 있고 배울 점이 많다는 것을 알았다. 그래서 그를 만나기 위해 다시 방문했다. 세 번째로 그를 방문했을 즈음 그는 교제하기 원하는 나의 진실성을 깨달았고, 우리의 우정 관계는 차츰 쌓여갔다.

한번 그에게 이렇게 물었다. "왜 다른 교회에서 한 가족이 목사님 교회로 옮겨오면 그 교회의 담임목사님에게 연락을 하지 않죠?" 그는 이렇게 말했다. "그 목사님들은 이미 시기심으로 충분히 차오른 상태입니다. 만약 내가 그런 일이 일어날 때마다 그 상황을 조명하면 더 악화될 것입니다. 게다가 그 많은 통화를 할 시간이 없습니다." 그는 사람들로 하여금 그들의 교회를 떠나게끔 한 일이 전혀 없다고 말했다. 그의 교회가 한 일은 그저 양 무리를 위해 풍부한 먹을거리를 제공하는 데 전념한 것뿐이라고 했다. 결과적으로 그 지역 전체에서 양들이 먹이를 찾아온 것이다. 나는 그의 목회철학에 큰 흥미를 느꼈고 열린 마음으로 배우는 자세를 취하기로 결심했다.

수개월이 지나 주님의 축복이 우리의 작은 교회 위에 내리기 시작했다. 곧이어 우리 교회는 더 이상 작지 않았다. 우리 교회가 목회자 기도모임에 참석하는 다른 목사님들의 교회보다 크게 성장하는 데는 오래 걸리지 않았다. 이런 일이 일어났을 때, 기도모임의 다른 목회자들과의 관계가 기묘하게 변하기 시작했다.

요점은 사람들이 우리 교회에 오려고 그들의 교회를 떠나는 것이 아니라는 것이다. 나는 재빨리 이것이 교회 관계와 교회 성장, 범도시적 연합의 강적이자 장애물이라는 사실을 알아챘다. 한 가정이 그들의 교회에서 우리 교회로 이동했을 때, 내 마음은 추수를 도울 일꾼이 늘었다는 사실에 기뻤지만 한편으로는 친구이자 그 교회의 목사인 목회자와 이것을 해결할 생각에 움찔했다. 내가 목회자로 보낸 시간 동안 나는 동료 목회자와의 이런 역학관계를 해결해 나갈 효과적인 방법을 찾기 위해 고군분투했다. 그러나 그들의 불안감이 시기를 유발할 때, 문제들을 수습할 올바른 방법은 없는 듯 했다.

우리는 매주 예배를 3부로 나누어야 할 만큼 성장했고, 그래서 더 큰 시설이 필요했다. 주님은 기적적으로 땅을 주셨고, 우리는 새로운 성전을 지을 도안을 그리기 시작했다. 그 도시에서 가장 큰 예배당 중 하나가 될 예정이었다. 주님은 새 건물을 위해 아무 대출도 받지 않고 현금 위주로만 하라는 마음을 우리에게 주셨다. 새 시설에 들어가기만 하면 놀라운 축복이 있을 것이다. 그러나 현금으로만 시설을 건설하는 것은 굉장한 믿음의 도전이었다.

성도들은 희생정신으로 헌금을 드렸다. 그러나 그들의 능력의 최대치로 내도 우리는 매해 필요한 기금의 10퍼센트 정도밖에 모으지 못했다. 새 건물에 입주하기까지 8년에서 10년이나 걸려야 하는 것인가? 매주 여러 부로 나눠 예배를 드리자니 우리 앞에 놓인 여정이 끝없이 계속될 것만 같았다! 4년 동안 희생적으로 헌물하고 나니 우리는 탄력을 잃고 소강상태에 빠졌다. 재정 후원은 전례 없이 낮은 수준으로 떨어졌다. 목회자 스태프들은 지쳤다. 사람들도 지쳤고 열의는 시들해졌다.

나는 이렇게 묻기 시작했다. "얼마나 더 기다려야 합니까, 주님?" 나는 주님께 기도하며 이 긴 여정을 이해할 수 있는 명철을 구했다. 우리는 힘들게 우회로를 걷고 있었고, 나는 그 이유를 알 수 없었다. 나는 내 상황을 지역의 목회자들과 나누었다. 그들은 우리와 함께, 우리를 위해 기도하기 시작했다. 그리고 그들은 우리의 안부를 묻고 이렇게 이야기하곤 했다. "주님께서 목사님 앞으로 큰 선물을 보내주실 거라 기대합니다!" 몇몇 지역 교회들은 우리의 건축기금에 헌금까지 했다!

내 삶 가운데 그토록 길게 지연하시며 여러 상황을 정결케 하시는 동안 주님은 나를 목사로서 깨트리고 계셨다. 그 깨트림을 통해 그분은 내가 지역 목회자들과 나 자신을 비교하며 야심찬 영으로 운행하고 있었음을 보여주셨다. 그것은 내 동기의 아주 작은 부분이어서 솔직히 수년 동안 나는 그것을 제대로 인식하지 못했다. 그러나 그 깨트림을 통해 하나님께서는 내 삶 가운데 내가 해결하기 원하셨던 온갖 문제들을 조명하셨다. 내 동기의 단 1퍼센트도 되지 않았을지 모르지만, 적은 누룩이 온 덩이에 퍼지는 것을 볼 수 있었다. 내 야망의 작은 부분이 내 사역의 모든 부분을 퇴색시키고 있었다.

그래서 나는 지역 목회자들을 모아 특별 모임을 갖고 이렇게 이야기했다. "주님이 내 마음의 동기들을 보여주시는 가운데 내가 목사님들을 향해 경쟁의 영을 가지고 있었다는 것을 깨달았습니다. 내 안의 무언가가 사역을 키우고자 하는 야심을 불러왔고 그것이 여러분과 경쟁적인 관계를 맺도록 했습니다." 그들은 나를 보고 이렇게 이야기했다. "알고 있습니다." 나는 그들에게 말했다. "저를 위해 기도해 주십시오." 그래서 나는 그들 앞에 무릎을 꿇었고, 그들은 내게 안수하고 나를 위해 기도해 주었다.

내 자신을 깨트리는 경험이었다! 내가 할 수 있는 일은 하나님의 위대한 손 아래 겸손해지는 것뿐이었다. 그런 우회로를 지나며 험난한 과정을 겪었지만, 지금은 그것을 통해 주님께서 나를 온전케 하고 정결케 하시기까지 나를 사랑하신 것에 감사드린다.

이 모든 것을 통해 나는 주님이 우리를 긴 여정으로 인도하신 지혜를 보기 시작했다. 하나님은 우리 마음의 문제들만 다루신 것이 아니었다. 우리가 새 건물에 빠르고 쉽게 들어갔다면 그 지역의 교회들이 시기의 유혹을 강하게 받았을 것임을 깨달았다. 그 시기가 분화했다면, 우리 교회에게는 새 건물이 축복이었더라도 그 지역을 향한 하나님의 목적은 치명타를 입었을 것이다. 한 걸음 전진, 두 걸음 후퇴했을 것이다. 그러나 하나님이 우리를 괴로울 정도로 느린 우회로로 인도하셨기에 다른 교회들이 궁극적으로 우리를 응원할 수 있었다.

우리가 땅을 사고 6년 반 후 마침내 새 건물에 입주했을 때 우리는 모두 하나님의 선하심을 기뻐했다. 그렇다. 주님은 마지막에 큰 선물들을 보내주셨고, 그것을 통해 예상했던 것보다 빨리 새 건물에 들어갈 수 있었다(그것도 현금으로 모든 일을 처리하고 말이다).

우리가 이전했을 때 즈음 주님의 지혜로 시기의 문제는 해결되었고, 우리 안에 있던 야망은 그분에 의해 격렬하게 깨트려졌다. 그리고 우리는 더 큰 시설로 들어가 그 지역의 형제들과 함께 기뻐하며 자축할 수 있었다.

33깊도다 하나님의 지혜와 지식의 부요함이여, 그의 판단은 측량치 못할 것이며 그의 길은 찾지 못할 것이로다 34누가 주의 마음을 알았느뇨 누가 그의 모사가 되었느뇨 35누가 주께 먼저 드려서 갚으심을 받겠느뇨 36이는 만물이 주에게서 나오고 주로 말미암고 주에게로 돌아감이라 영광이 그에게 세세에 있으리로다 아멘. (롬 11:33-36)

Chapter 9
사랑에 뿌리내림

시기심의 중심에는 사랑의 문제와 개인의 정체성의 근원을
그리스도의 사랑에서 찾고자 하는 갈망이 있다.

우리는 모두 어떤 형태로든 불안감을 안고 있다. 그렇기 때문에 시기가 난무하는 것이다. 시기심은 하나님의 사랑 안에서 정체성을 확립한 성도의 마음에 정착할 수 없다.

17믿음으로 말미암아 그리스도께서 너희 마음에 계시게 하옵시고 너희가 사랑 가운데서 뿌리가 박히고 터가 굳어져서 18능히 모든 성도와 함께 지식에 넘치는 그리스도의 사랑을 알아 19그 넓이와 길이와 높이와 깊이가 어떠함을 깨달아 하나님의 모든 충만하신 것으로 너희에게 충만하게 하시기를 구하노라. (엡 3:17-19)

우리가 사랑 가운데 뿌리가 박히고 터가 굳어져 온전해질 때, 하나님 안에서 우리의 정체성은 깊이 확립된다. 그래서 더 이상

우리는 육신의 눈에 보이는 것으로 인해 우리 가운데 시기하는 마음을 갖지 않는다. 우리는 타인의 것을 소원하지 않는다. 왜냐하면 우리가 가져야 할 모든 것, 즉 온 우주의 주인이신 분과의 광대하고 친밀한 관계를 가졌기 때문이다.

나 역시 이 충만함에 이르지 못했기에 이론적으로 말하는 것이다. 그러므로 나는 아직까지 어떤 형태로든 정체성의 위기를 겪고 있는 것이다. 나는 아직까지 "사랑 안에서 온전히 이루지"(요일 4:18) 못했다. 나에게 정체성의 위기감이 없다는 것은 내가 사랑 안에서 온전히 이루어졌다는 뜻인데, 나는 그렇지 못하다. 그러나 나는 실망하지 않는다. 그분의 은혜가 내게 충만하고, 나는 점점 그리스도의 온전한 사랑에 이르고 있다!

시기의 문제는 결국 사랑에 관한 것이다. "사랑은…투기하는 자가 되지 아니하며"(고전 13:4). 예수님의 사랑이 이기적인 것이 아니기에 우리의 사랑 또한 이타적이어야 한다. "내 계명은 곧 내가 너희를 사랑한 것 같이 너희도 서로 사랑하라 하는 이것이니라"(요 15:12).

시기는 본질적으로 이기적이다. 그렇기 때문에 사랑으로부터 비롯되지 않았다. 사랑은 시기가 아닌 모든 것을 품는다. 시기는 한 사람만의 위상을 위해 활동하지만, 사랑은 서로의 나아감을 위해 활동한다. "내가 너희를 사랑한 것 같이", 얼마나 위대한 말인가! 우리가 그분의 사랑 안에 거할 때 모든 시기가 몰아내지고, 그리스도의 무한하고 '자아를 비우는' 사랑이 성령께로부터 우리 마음에 부어진다.

내가 그리스도의 사랑 안에 뿌리를 내리고 "지식에 넘치는 그리스도의 사랑"을 깨달았을 때, "그 넓이와 길이와 높이와 깊이"를 깨달았을 때, 나는 놀라운 사실을 발견했다. 하나님을 아는 지식 속에서 나의 정체성을 찾게 되었다! 내가 하나님께 어떻게 보이는지 깨닫게 된다. 그분은 나의 연약한 마음에 매혹된다는 사실을 알게 되고 나는 그분이 말씀하시는 분이라고 믿게 된다.

내가 자신에게 온전히 만족하지 못하기 때문이 타인을 시기하는 것이다. 그리고 내가 자신에게 만족하지 못한다는 것은, 그리스도 안에서 지음받은 자로서의 계시가 없다는 것이다. 나는 아직 사랑 안에 뿌리를 내리고 온전케 되지 않았다. 그렇기에 시기의 관에 마지막 못을 박으려면 그리스도의 사랑의 지식을 추구해야만 한다.

"하지만 하나님의 사랑을 아는 지식은 일생 동안의 끝이 없는 추구함이지 않습니까!"라고 불평할지도 모르겠다. 그렇다! 그렇기 때문에 나는 시기가 내 마음에 엄습해 오는 것을 볼 때 좌절하지 않는다. 나는 다시 한 번 자아를 죽이고 그리스도의 십자가에 얼굴을 들이민다. 나는 남은 인생 동안 시기의 문제를 다룰 준비가 되어 있다. 이 생을 살며 완벽한 승리를 거두지 못할 수도 있다. 그러나 나는 그분의 은혜 안에 거하며 승리의 수준을 높여 나갈 것이다. 시기를 완전히 정복하지는 못했지만, 나는 그것을 더욱 잘 알아보는 법을 배웠다. 나는 더 빨리 회개하는 자가 되었다. 가장 좋은 방법은 그분 앞에서 열성적으로 회개하는 것, 즉 전문회개사가 되는 것이다.

그리스도의 사랑이 우리의 마음을 사로잡을 때, 우리는 신부로서 성숙하기 위한 거룩한 질투로 채워진다(고후 11:2 참조). 이것이 하나님의 사랑이 당신의 마음을 변화시키는 방식이다. 타인의 성공을 질투하는 대신 그들의 성공을 위해 질투하는 것이다. 시기를 역으로 경험하는 것이다. 시기가 우리의 마음을 붙잡는다면 우리의 영역은 제한받는다. 그러나 거룩한 질투로 신부로서의 성숙함을 진전시키고자 하는 마음이 우리를 붙잡는다면, 우리는 신실함과 겸손함으로 신부를 섬기는 특권을 부여받을 것이다.

우리 정체성의 근원

수년 동안 나는 내 정체성을 복음 사역자로서의 성공과 지위에서 찾았다. 그 당시에는 깨닫지 못했지만, 되돌아보니 이제는 보인다. 성장하는 교회의 젊은 목사로서 나는 잠언에 나오는 왕 같았다.

> ²⁹잘 걸으며 위풍 있게 다니는 것 서넛이 있나니 ³⁰곧 짐승 중에 가장 강하여 아무 짐승 앞에서도 물러가지 아니하는 사자와 ³¹사냥개와 수염소와 및 당할 수 없는 왕이니라. (잠 30:29-31)

나의 교회 회중들 가운데 '군대'는 수적으로 증가했고 나는 그들을 섬기는 것을 영광으로 여겼다. 나를 따르는 이들의 수가 증가했기에 겉보기에 나의 영적 권위도 증가하는 것 같았다. 사람들이 나를 보며 종종 자만하거나 교만하다고 생각하지는 않았지만, 나는 친구들 중에서는 꽤나 큰 편에 속하는 교회를 담임한다는 명망을 즐겼다.

그런데 하나님의 위대한 손이 내 삶에 임했다. 덧붙이자면, 내가 스스로에게 부른 것이다. 우리는 하나님께 간구하는 것이 진실로 무엇인지 잘 모르고 구한다. "너희가 참음은 징계를 받기 위함이라 하나님이 아들과 같이 너희를 대우하시나니 어찌 아비가 징계하지 않는 아들이 있으리요"(히 12:7). 하나님이 나를 징계하셨을 때, 그분은 나의 사역을 완전히 종료시키셨고, 나를 광야로 보내시곤 궁극직으로 나를 목회에서 면직시키셨다. 나는 내가 일생 동안 가졌던 모든 지위와 직함을 잃었다.

그러니 이제 나는 내 삶의 정체성 위기를 맞았다. 목회하던 교회 안에 어떤 자리도 없고, 내 이름 뒤에 어떤 직분이나 직함도 따라오지 않고, 내가 이끄는 사역팀도 없으며, 나를 따르는 군대도 없었다. 이 모든 것이 앞서 6장에서 언급했던, 나를 신체적으로 쇠약하게 한 부상 때문이었다. 나는 갖가지 슬픈 감정과 고통스러운 상실감을 거치며 분투하는 동시에 또 다른 한편에서는 무언가 더욱 놀라운 영적 풍요로움을 경험하는 자신을 발견했다. 그것은 그리스도의 사랑을 아는 지식이었다. 나의 상실의 고통은 현실적으로 와 닿았지만 내 마음에 임한 그리스도의 풍요로움의 계시는 그보다 더 놀라운 것이었다. 당시 나는 정체성의 위기감으로 인해 시기에 특히 취약했다. 그러나 하나님의 은혜는 여전히 내 여정 가운데 충만해 시기의 폭풍을 잠잠케 하는 사랑으로 힘을 실어주셨다.

나는 나의 추구함만을 전할 수 있다. 나는 나의 사랑하는 자와의 충만하고 흥분되며 열광하게 하는 그 관계를 좇느라 나의 정체성을 다른 어떤 곳에서도 찾지 않고 오직 내 안에 존재하는 그리스도와 그분 안에 존재하는 내 안에서 찾는다. 세례 요한처럼 나는 사람들 앞이 아닌 "주 앞에 큰 자가"(눅 1:15) 되길 원한다. 이렇게 말할 수 있는 것은 내가 하나님의 보좌 앞에서 나의 진정한 정체성에 대해 평안을 찾았기 때문이다. 단 한 명의 대상을 위해 살아가는 것이 열쇠다. 바로 사람이 아닌 하나님을 위해 살아가는 삶. 내가 하나님께 간구하는 것은, 내 영 안에 있는 사람들의 인정을 바라는 세속적 욕망이 하늘의 무리들 앞에서 위대한 것을 추구하는 야망으로 돌려지는 것이다. 내가 해야 할 질문은 '이 세상 가운데 나는 누구인가?'가 아닌 '하나님의 보좌 앞에서 나는 누구인가?'이다.

나는 하나님 앞에 왕과 제사장으로 서 있다(계 1:6 참조). 제사장으로서 나는 왕에게, 그의 영광스러운 임재 안에서 사역한다. 왕으로서 나는 계속해서 증가하는 하나님 나라의 법을 사람들의 마음 가운데 적용하는 자로 섬긴다. 이것이 나의 정체성이다. 그리고 이것은 당신의 정체성이기도 하다. 자리를 얻기 위한 경주는 없다. 왜냐하면 우리는 모두 동등하게 하나님 앞에 서기 때문이다. 그리스도의 몸 된 교회가 하나님 앞에 자신이 서야 할 위치를 이해할 때 시기는 모든 권세를 잃을 것이다. 성부 앞에서 나는 아들이다. 성자 앞에서 나는 신부다. 그리스도 안에서 나의 정체성을 아는 지식은 내 안에 깊은 만족감을, 그리고 내 영 안에 두려움 없는 담대함을 낳는다. 열정적으로 불타는 하나님의 사랑은 나의 마음을 사로잡았고, 이제 나는 한때 나를 다른 사람들과 비교하며 나의 정체성을 결정해 버렸던 무거운 짐으로부터 자유케 되었다. 그리스도를 아는 지식은 나를 자유케 한다 (요 8:32 참조).

그리스도의 임재함 안에서 우리는 자신의 진정한 모습을 볼 수 있다. 요한은 이렇게 말했다. "그가 나타내심이 되면 우리가 그와 같을 줄을 아는 것은 그의 계신 그대로 볼 것을 인함이니"(요일 3:2). 그를 더욱 볼수록 내가 누군지 더 잘 이해하게 된다. 그와 얼굴을 맞대고 볼 때 나는 나의 나 됨을 온전히 알게 될 것이다. 그 완전한 계시의 순간이 올 때까지 나의 정체성을 온전히 아는 명철은 언제나 부족할 것이다.

내가 그리스도의 사랑을 찾는 만큼 나는 나의 정체성을 찾게 된다. 또한 정체성의 위기감으로 허우적거리는 만큼 나는 시기하는 마음이 주는 피폐함으로 취약해질 것이다. 그러므로 시기를 이기는 가장 좋은 해법은 그리스도의 사랑을 아는 지식을 추구하는 것이다. 내가 그분의 얼굴을 맞대고 보는 그날까지 나의 정체성은 비록 완전하지 못할지라도, 내가 믿음으로 그분을 볼 때 나는 더욱 자유로워진다.

나는 하나님께서 아브라함에게 주신 언약의 말씀을 내 것으로 받아들이기로 결정했다. "나는 너의 방패요 너의 지극히 큰 상급이니라"(창 15:1). 하나님은 나의 상급이시다. 결국 나는 하나님을 얻는다! 그러므로 나는 이미 표현할 수 없을 정도로 부유하다. 누구도 내 삶에서 내가 가진 것(하나님 자체) 위에 아무것도 더할 수 없다. 이 땅의 어떤 영혼도 하나님이 내게 주신 모든 것 위에 더하여 줄 수 있는 것이 없다. 그러나 그리스도 안의 내 형제자매들은 나의 것이 된 것들이 무엇인지 발견하고 그것을 온전히 이해하는 데 도움을 주는 중요한 역할을 맡았다. 나는 성공하기 위해 노력하지 않는다. 왜냐하면 이미 성공했기 때문이다. 나는 그리스도의 넘치는 사랑을 받았으며, 이제 하나님의 자녀다. 나는 인간으로서 가능한 만큼 최대한 부유하다. 그러나 나의 지식은 제한적이라 예수 그리스도 안에서 하나님을 아는 지식을 계속해 추구한다.

그리스도의 교회와 성도를 분리시키는 고립적 개인주의를 지지하는 것으로 오해하지 않길 바란다. 우리는 서로가 필요하다! 에베소서 3:18에 의하면, 그리스도의 사랑을 아는 명철은 모든 "성도와 함께" 교제함으로만 가능하다. 혼자서는 그리스도의 사랑을 아는 명철을 모두 헤아릴 수 없다. 최대한 우리가 할 수 있는 일은 그 사랑의 아주 작은 부분을 탐사하며 우리의 생명을 다해 영광스러운 한계까지 추구하는 것이다. 이것이 우리가 그리스도의 사랑을 드러내는 데 지체가 필요한 이유다. 우리가 우리 인생에서 추구한 열매들을 내놓을 때 우리는 비로소 그리스도의 사랑의 방대함을 보기 시작한다. 나는 타인이 이 놀라운 사랑을 발견한 것을 시기하기보다는 그의 추구함이 내 삶을 풍요롭게 하는 것에서 은혜를 받는다.

정체성의 거짓 근원

하나님은 우리를 스스로를 알아야 할 필요가 있는 존재로 창조하셨다. 굳건한 자아 정체성을 추구하는 것은 죄가 아니지만 그것을 추구하는 방식은 죄가 될 수 있다. 우리의 정체성을 행위나 소유를 통해 확보하고자 하는 것은 우리 영혼의 공허함을 채울 수 없다. 공허함을 만족시킬 수 있는 한 가지는 바로 창조주와의 사랑이다. 우리를 사랑하시는 분의 품 안에 있는 우리 자신이 누구인지를 아는 것, 이것이 하나님 앞에서 우리의 진정한 정체성을 확립시킨다. 은밀한 곳에서 우리를 향한 그분의 계획을 속삭이시며, 그의 사랑을 확신시키시며, 그분 안에서 우리의 정체성을 선포하실 때, 우리의 마음은 은혜 안에 바로 서게 된다. 반면에 우리가 우리의 내적 갈망을 성공이나 지위 혹은 물질로 채우려 한다면 우리는 언제나 그 지속적인 공허함으로 돌아갈 것이다. 그 공허함은 그리스도의 몸 안에서 경쟁을 낳고 우리를 시기에 대해 취약하게 만든다. 사울 왕의 삶을 보라.

나는 나의 개인적인 경험을 통해 성공과 성취감으로 자기 정체성을 찾으려 하는 것이 함정이라는 것을 잘 안다. 이것을 내가 함정이라고 부르는 이유는 한 사람의 성공이 계속되는 것은 굉장히 드물기 때문이다. 대개 우리에게는 실패가 부득이하게 찾아온다. 그러니 우리의 정체성이 성과에 기초한다면 우리의 추락은 정해진 바다. 이러한 극심한 감정기복은 시기심의 황폐함으로 취약하게 된다. 나의 성과가 떨어질 때, 그와 함께 나의 정체성도 나락으로 추락할 때, 나는 내 형제의 성공을 악한 눈으로 바라보기 시작한다.

주님은 그분의 임재 안에서 성취를 찾도록 나를 가르치신다. 내가 사랑에 사로잡혀 그분과 공감할 때 나는 성취한다. 그것이 전부다. 당신은 이렇게 물을 수도 있다. "그리스도 안에서 나의 정체성을 찾기 위해 나는 무엇을 할 수 있을까요?" 이 질문에 대해 내가 줄 수 있는 답은 하나님과의 관계의 "은밀한 곳"에 있다는 것이다. 나는 이미 《은밀한 장소의 비밀》(*Secrets of the Secret Place*)에서 이 주제에 대한 내 마음을 나누었다. 내가 말씀의 진리를 묵상하며 내 마음에 성령님의 진리를 받아들일 때 나는 열정으로 불타기 시작한다. 왜냐하면 그 진리가 내 삶 가운데 적용됨으로써 온전히 내 것이 되기 때문이다. 성령님은 나를 향한 그리스도의 사랑을 믿을 수 있게 나를 도우신다. 그리고 이것은 온 우주에서 얻을 수 있는 가장 자유케 하는 계시다.

사역에서의 성취는 그것이 내 삶을 향한 하나님의 인정을 측정하는 기준이라고 생각하도록 나를 속일 수 있다. 아무리 사람들 앞에서 성공한 것처럼 보여도 하나님 앞에서는 척박하게 보일 수 있다는 것을 나는 알았다. 하나님 안에는 그분을 경배하며 그의 얼굴을 바라볼 때 진실로 정체성과 성취감을 얻을 수 있는 곳이 있다. 나는 그것을 얼핏 볼 수 있었다. 그리고 내 마음을 다해 그것을 좇고 있다.

나의 정체성은 나를 향한 그리스도의 사랑의 반석 위에서 찾을 수 있다. 나의 정체성은 견고하다. 왜냐하면 그리스도의 사랑은 조건이 없으며, 내 사역의 성과와는 완전히 무관하기 때문이다. 나의 사역이 급상승하고 기름부음이 모든 자들의 삶의 멍에를 끊어낼 때에도 그분의 사랑은 온전하며 변함이 없다. 하나님은 우리가 자기 정체성을 은사 안에서 찾는 대신 그분의 사랑 안에서 찾게 되기를 원하신다. 나는 그분의 자녀다. 그리스도와 함께 하나님의 은밀한 곳에 거하며, 이 세상을 이기고 하늘에서 그리스도와 함께 앉힌 바 되었다. 내가 바로 그분의 임재 안에 서서 그분의 얼굴을 바라보는 자이다. 이것이 나의 정체성이고, 이것이 내가 하는 일이다. 다른 누구도 어떤 위기도 나의 정체성을 내게서 빼앗아갈 수 없다.

예수님의 스스로를 아는 지식이 그분에게 다른 자들을 이타적으로 섬길 수 있는 능력을 부여했다(요 13:3-5 참조). 내게도 동일하다. 내가 어디에서 왔는지를 알고 내가 어디로 향하는지를 알 때, 다시 말해 내가 누군지 알게 될 때 나의 정체성의 견고함으로 나는 가장 작은 일에서도 섬길 수 있다. 시기심을 가장 강력하게 억제하는 것 중 하나는 수건을 허리에 두르고 다른 자들의 발을 씻기며 그들의 필요에 응해 섬기는 것이다.

내 친구 마이클 카바너 목사는 시기심의 미묘한 기미에도 아주 공격적으로 대응하기로 결정하게 된 사연을 내게 말해 주었다. 그 당시 마이클과 나는 서로 24킬로미터 정도 떨어진 지역에 있는 교회를 섬기는 목회자였다. 두 교회는 건강하게 성장하고 있었고 새로운 성전을 건축하는 과정이었다. 그러나 우리 교회가 먼저 건축을 시작한 상태였다. 그때 내 친구 마이클에게는 우리가 언제나 그들보다 한발 앞서는 것처럼 보였다.

시간이 지나면서 그는 우리의 사역 가운데 경쟁의 작은 기미를 감지했다. 그 경쟁이 그들을 향한 우리의 것이었는지 우리를 향한 그들의 것이었는지 확인할 수는 없었지만, 그는 어떤 조취를 취하기로 했다. 그가 무엇을 했을까? 그는 자신의 허리에 수건을 둘렀다. 그와 그의 교회 장로들은 특정한 주일 아침에 들어

온 십일조를 선부 특별 지정하여 우리 교회의 건축기금에 헌금하기로 결정했다.

그 교회의 성도들은 이 계획을 듣고 주일예배의 평균 치 이상으로 헌금을 했다. 그 주에 우편을 통해 14,000달러 상당의 수표를 받은 우리의 놀라움은 아마 당신도 상상할 수 있을 것이다! 우리는 하나님께 감사하며 성도들의 후한 아량에 놀라워했다. 핵심을 말하자면, 이 섬김의 행위는 두 사역 간에 도사리고 있을 법했던 모든 시기와 경쟁의 흔적을 제거하는 아름다운 것이었다.

새 성전으로 이전한 후 우리 교회는 그들의 교회에 비슷한 방식으로 화답했다. 그렇게 우리는 서로를 향해 사랑과 신실함으로 성장해 갔다.

사랑 안에 뿌리를 내릴 때, 승격과 격하 모두 내게는 점점 비슷하게 느껴진다. 나를 향한 그리스도의 사랑을 이해할 때, 인간적인 차원의 승격은 부실하고 일시적인 것으로 느껴진다. 왜냐하면 그것의 헛됨을 정확히 분별하고 있기 때문이다. 그리고 동시에 격하됨 역시 그 힘을 잃었다. 왜냐하면 하나님 앞에서의 내 믿음은 인생의 굴곡에 영향 받지 않기 때문이다. 가장 중요한 핵심은 하나님의 사랑의 능력으로 하여금 내 마음이 사랑으로 불타오르도록 하는 것이다.

그 누구도 그리스도 예수 안에서 하나님의 높은 부르심을 추구하는 것을 막을 수는 없다. 때때로 특정한 사람 또는 특정한 무리가 그리스도 안에 있는 우리의 잠재성을 붙잡는다고 생각될 때도 있다. 그러나 그 누구도 당신이 그리스도의 영광스러운 사랑을 추구하는 것을 막을 수 없다! 당신이 사랑과 믿음의 위대한 경주를 달려갈 때, 누구도 당신의 추구를 감속시킬 수 없다. 당신의 교회가 사역을 폐쇄시킬지라도 그들은 하나님 안에 있는 당신의 은밀한 삶을 멈출 수 없다. 그리스도의 사랑을 추구하는 것은 우리를 타인이 우리에게 채우려 하는 쇠사슬로부터 해방시킨다. 그것이 비록 구원받지 않은 배우자이거나 직장동료 또는 교회 지도자일지라도 말이다. 그분의 자유함의 진리는 우리 마음 안에서 호시탐탐 기회를 노리는 그 어떤 시기도 제거한다.

정리

이 책을 통해 우리가 타인의 성공을 보며 미세한 고통을 느낄 때, 그 시기심을 자백하고 솔직해지며 십자가 앞에 내려놓을 수 있는 용기를 얻게 되기를 기도한다. 하나님이 타인에게 주신 것을 시기하는 대신 우리가 같은 편에 서 있음을 기억하고 감사하자. 우리 모두 이 세대에 하나님의 영광과 능력이 나타나기를 원한다. 그리고 어쩌면 우리가 하나님 나라를 확장하는 데 가장 중요한 것은 우리 마음에서 시기를 발견했을 때 그 벽을 허무는 것이다.

서로 경쟁하며 시기하기보다는 하늘이 우리에게 주신 것으로 인해 기뻐하자. 우리의 형제와 자매의 성숙됨을 위해 질투하자. 서로에게 주어진 은혜의 분량을 인지할 때, 우리에게는 함께 교제와 연합으로 걸어 나갈 능력이 주어진다. 내가 당신을 나의 영역으로 받아들일 때, 나는 내 영역을 위태롭게 하는 것이 아니다. 오히려 더 큰 결실을 내 영역 안으로 불러오는 것이다.

이 책은 순전히 사랑 안에서 함께 걸어 나가자는 부름이다. 먼저 우리를 향한 하나님의 위대한 사랑을 받고 믿는 것이고, 그 사랑을 우리의 형제와 자매에게 반영하는 것이다. 하나님께서 그리스도 예수를 통해 주신, 그분의 보좌 앞에 나갈 자격의 계시를 받기를 원한다! 그리스도 안에서 우리의 정체성을 진정으로 이해한다면, 우리는 다시는 시기하지 않을 것이다. 시기심에 가장 효과적인 해독제는 바로 그리스도의 사랑을 아는 지식을 추구하는 것이다.

갈렙의 산

성경의 갈렙 이야기로 마무리하려 한다. 갈렙은 하나님의 백성이 애굽에서 갓 나왔을 때 가나안 땅에 정탐하러 보낸 열두 정탐꾼 중 한 명이었다. 갈렙과 여호수아는 하나님의 도움으로 가나안 땅을 능히 정복할 수 있다는 좋은 소식을 가지고 왔다. 다른 열 명의 정탐꾼은 불신하는 악한 소식을 가져왔고, 그로 인해 이스라엘 백성은 두려움으로 뒷걸음쳤다. 백성들은 결코 가나안을 정복하지 못할 거라고 생각했다. 그리고 그로 인해 40년 동안 광야에서 헤매었다. 갈렙과 여호수아는 이스라엘 백성 전체가 가나안 땅에 들어갈 준비가 될 때까지 함께 광야생활을 해야 했다.

내 마음 깊은 곳에는 언제나 입 밖으로 내지 않은 작은 생각이 있다. 하나님이 갈렙과 여호수아에게 공평하지 않았다고 생각한다. 그들은 가나안 땅에 들어갈 준비가 되어 있었다. 그러나 다른 자들의 불신 때문에 40년 동안 광야에서 헤매야 하지 않았는가! 그러나 하나님은 이 이야기의 내막을 내게 보여주기 시작하셨다.

갈렙의 말년에 가나안 땅에 있는 산지 전체를 유업으로 받은 것을 볼 수 있다(수 14:6-15 참조). 모두에게 집 한 채와 밭이 기업으로 주어졌을 때 갈렙은 산지를 받았다.

갈렙이 가나안 땅을 뒤로 하고 돌아서서 광야를 처음 대면했을 때, 나는 하나님이 이렇게 말씀하시는 것을 상상할 수 있다. "갈렙아, 너의 견고한 믿음과 충성스런 마음을 나는 무척 사랑한다. 그래서 제안을 하나 하려 한다. 나는 네게 다른 자들과 같이 밭과 집만 주기를 원하지 않는다. 네 믿음과 사랑으로 인해 나는 네게 더 큰 기업을 주고 싶다. 나는 네게 산지를 주고 싶다. 그러나 지금 이 산지를 준다면, 너는 이 백성들 가운데 분출될 시기심을 상상도 못할 것이다. 모두가 그 산지를 놓고 왈가왈부할 것이다! 백성들 모두 하늘에 대고 네가 산지를 받는 것이 얼마나 불평등한 일인지 불평할 것이다. 그것도 단지 네가 믿음의 사람이라는 이유로 말이다. 그래서 이 시기하는 마음의 문제를 해결하기 위해 이렇게 하려 한다. 네가 만약 나의 백성과 40년 동안 신실하게 동행한다면, 나는 너를 강하게 할 것이고, 너를 위해 공급할 것이며, 그 후에 너를 그 땅으로 인도할 것이다. 나의 선택된 자들과 40년 동안 인내하며 기다림을 통해 네가 산지를 구할 때 필요한 온 백성들의 신임을 얻을 것이다."

갈렙이 마침내 그의 산지를 구했을 때 누구도 불평하지 않았다. 누구도 "이거 봐, 나는 밭과 집 한 채만 받았는데!"라고 말하지 않았다. 모두가 이렇게 말했다. "갈렙이 산지를 원한다고? 줘야지! 그는 40년의 세월을 믿음으로 견뎌냈어. 그러니 산지를 분깃으로 받을 자격이 있는 자가 있다면, 바로 갈렙이지."

갈렙은 믿음과 인내함으로 큰 유업을 분깃으로 받아 그의 아들들에게만이 아니라 그의 딸 악사에게도 분배해 주었다. 악사는 아버지의 사랑을 확신했기에 스스로 이렇게 이야기했다. "내 형제들은 충분히 받았는데, 나도 아버지에게 내가 원하는 것을 구하면 안 될 이유가 없지." 그는 구했고, 아버지는 그의 딸에게 주었다. 실제로 그는 딸이 구한 것인 윗샘과 아랫샘까지 모두 주었다(삿 1:15 참조).

그리스도의 교회 안에서 자매들이 이런 불평을 하는 것을 들은 적이 있다. "내 교회에서는 나에게 유업을 주지 않습니다." 어쩌면 형제들이 집과 밭을 점령하고 모든 유업을 이미 다 분배해 놓고는 내심 그저 아버지가 돌아가시기를 기다리고 있어서일지도 모른다. 그들은 이미 오래전부터 자매들은 아무 유업도 받지 않는 것으로 정해 놓았다.

만약 자매들이 유업의 일부분을 분배받으려 한다면, 그들에게는 부유한 아버지가 필요할 것이다. 내 영은 이렇게 말한다. "하나님, 인내하며 하나님 앞에 자격을 갖추며 은혜로 분깃을 받기 위해 신뢰를 얻을 때까지 광야를 견뎌낸 영적 아버지를 우리에게 주시옵소서." 그러면 그들은 갈렙과 같이 아들과 딸에게 분배해 줄 수 있는 충분한 영적 유업을 받을 것이다.

아버지가 당신에게 주실 때 누구도 반박할 수 없다. "하지만 당신은 자매이지 않습니까? 교회에서 그러면 안 됩니다!" 그 자매는 대답한다. "내가 이 영토에 사는 것에 문제가 있다면, 그분이 주셨으니 그분과 논의하십시오." 아무도 아버지의 결정에 이의를 제기하지 않을 것이다. 그분은 "내 것을 가지고 내 뜻대로 할 것이 아니냐 내가 선하므로 네가 악하게 보느냐"(마 20:15)라고 말씀하실 것이다.

영적인 아버지가 유업을 나누어줄 때, 논쟁은 끝난다. 그리고 형제들은 본인들이 충분하고도 남을 만큼 가졌기에 시기하지 않을 것이다.